基础教育理论与实践书系

# 客家传统劳动技能实践指导手册

李敬梅 ◎ 主编

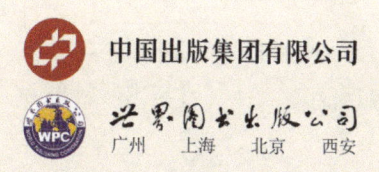

中国出版集团有限公司

世界图书出版公司
广州 上海 北京 西安

图书在版编目(CIP)数据

客家传统劳动技能实践指导手册 / 李敬梅主编.
广州：世界图书出版广东有限公司, 2024. 10. -- ISBN 978-7-5232-1758-0

Ⅰ. G633.932-62

中国国家版本馆CIP数据核字第2024TQ1508号

| 书　　　名 | 客家传统劳动技能实践指导手册 |
| --- | --- |
|  | KEJIA CHUANTONG LAODONG JINENG SHIJIAN ZHIDAO SHOUCE |
| 主　　　编 | 李敬梅 |
| 责任编辑 | 华　进 |
| 装帧设计 | 传欣设计 |
| 出版发行 | 世界图书出版有限公司　世界图书出版广东有限公司 |
| 地　　　址 | 广州市海珠区新港西路大江冲25号 |
| 邮　　　编 | 510300 |
| 电　　　话 | 020-34203432 |
| 网　　　址 | http://www.gdst.com.cn |
| 邮　　　箱 | wpc_gdst@163.com |
| 经　　　销 | 新华书店 |
| 印　　　刷 | 广东虎彩云印刷有限公司 |
| 开　　　本 | 787 mm × 1 092 mm　1/16 |
| 印　　　张 | 23.5 |
| 字　　　数 | 165千字 |
| 版　　　次 | 2024年10月第1版　2024年10月第1次印刷 |
| 国际书号 | ISBN 978-7-5232-1758-0 |
| 定　　　价 | 98.00元 |

版权所有　翻印必究

(如有印装错误，请与出版社联系)

## 编委会

主　编　李敬梅

编　委　张丽梅　骆彩玲　袁君丽　柳江民
　　　　游梦琳　朱文勇　王　敏　雷　军
　　　　章　艳　谢晓彬　何　佳　何岸婷
　　　　黄　斌　刘县婷　李燕珠

# 前言

广东河源是客家人集中的地区,有"客家古邑"之美誉。约公元前208年,武将赵佗上书奏请秦朝,朝廷选送15000名女子到河源与三秦将士结合;西晋永康元年(公元300年),中原汉人数次大规模南下迁徙至河源,催生了河源客家族群的形成与繁衍。

客家人具有勤俭节约、崇文重教、敬祖睦邻等传统美德。每到农忙时节,人们把秧苗、花生、红薯下种,忙完之后,便过一个农耕节。农历七月十四,五谷成熟之时,为祈求丰收,广东河源地区有"村民置酒劳力田者"的风俗,家家户户会做萝卜粄,杀鸡宰猪磨豆腐,煮上红焖猪肉、白切鸡、酿豆腐等一桌子丰盛的菜肴,全村人一起喜迎秋收,场面十分热闹。客家的农耕生活、服饰、饮食都有着独特的风俗习惯。河源市作为全国旅游城市,非常注重文化的传播与传承,这一切都为"培智学生客家传统劳动技能"课程的开发提供了有利的资源。

本书以客家饮食文化、手工艺文化、农耕文化为背景,以描述客家地区最具代表性的劳动为主要内容,分"客家手工艺、客家传统小吃、客家藏菜、客家豆制品、客家菜肴、客家农耕"六个单元69个课目。每一课有七个板块,第一板块是内容概述,介绍劳动背景,让读者了解客家文化;第二板块是"任务清单",分基础任务和高阶任务,读者可量力而行达成学习目标;第三板块是"工具材料",让读者了解劳动所需的工具、材料和用途；第四板块是"学习技能"，每项技能都提炼关键字，读者按照操作工序分步学习，便于记忆；第五板块是"我行我秀"，让读者整体了解劳动成品或进行拓展创新；第六板块是"温馨提示"，强调劳动安全和关键技能提示；第七板块是"劳动评价"，由学生、老师和家长共同参与评价。

  本书由广东省特殊教育精品课程建设项目——培智学生客家传统劳动技能课程开发项目组的全体老师编写。编写期间，项目组老师走访文化馆寻找客家守艺人，深入农村田头请教农户，得到了非物质文化遗产墩头蓝代表性传承人曾春雷老师、江西省龙南市客家织带非遗传承人廖秋华老师的指导。特此致谢！

  客家文化源远流长。希望此书能让青少年更好地认识和理解客家文化的价值和魅力，让中国的传统文化得到传承和发展。

2024年6月4日

# 目 录

## 一　客家手工艺

1. 箩筐编织　　　　　　　　2
2. 收纳箱编织　　　　　　　7
3. 手提篮编织　　　　　　　12
4. 剪纸　　　　　　　　　　17
5. 纸扇制作　　　　　　　　22
6. 墩头蓝染　　　　　　　　27
7. 扎染　　　　　　　　　　32

## 二　客家传统小吃

1. 甜粄　　　　　　　　　　38
2. 客家喜粄　　　　　　　　44
3. 灰水粄　　　　　　　　　50
4. 艾粄　　　　　　　　　　56
5. 眉豆粄　　　　　　　　　62
6. 糯米糍　　　　　　　　　68
7. 萝卜粄　　　　　　　　　74
8. 笋粄　　　　　　　　　　80
9. 炸油果　　　　　　　　　85
10. 炸麻条　　　　　　　　91
11. 铁勺挞　　　　　　　　97
12. 炸粄片　　　　　　　　102
13. 炸角仔　　　　　　　　108

I

| | |
|---|---|
| 14. 芋头糕 | 114 |
| 15. 九重皮 | 121 |
| 16. 仙人粄 | 128 |
| 17. 客家炒米饼 | 133 |

## 三　客家藏菜制作

| | |
|---|---|
| 1. 腌酸萝卜 | 140 |
| 2. 腌咸菜 | 145 |
| 3. 腌蒜头 | 150 |
| 4. 腌酸豆角 | 155 |
| 5. 制作辣椒酱 | 160 |
| 6. 制作牛肉酱 | 165 |
| 7. 制作腊猪肉 | 170 |
| 8. 制作腊肠 | 175 |
| 9. 制作腊鱼 | 180 |
| 10. 制作萝卜干 | 185 |
| 11. 制作客家梅菜干 | 190 |

## 四　客家豆制品

| | |
|---|---|
| 1. 山水豆腐脑 | 196 |
| 2. 车田豆腐 | 201 |
| 3. 佗城豆腐丸 | 206 |
| 4. 豆腐渣饼 | 211 |
| 5. 贝墩腐竹 | 216 |

### 五　客家菜肴

1. 客家酿豆腐　　　　　　　　　　222
2. 东江酿三宝　　　　　　　　　　227
3. 酿蛋角包　　　　　　　　　　　233
4. 茶油蒸滑鸡　　　　　　　　　　238
5. 砵仔猪肉汤　　　　　　　　　　243
6. 红焖猪肉　　　　　　　　　　　248
7. 瓦缸猪脚　　　　　　　　　　　253
8. 粉尘鸭　　　　　　　　　　　　257
9. 艾叶蛋汤　　　　　　　　　　　262
10. 娘酒鸡　　　　　　　　　　　266
11. 五指毛桃炖龙骨　　　　　　　270
12. 板栗淮山炖猪蹄汤　　　　　　274
13. 客家炒三宝　　　　　　　　　279
14. 苦麦炒黄鳝　　　　　　　　　283
15. 东江盐焗鸡　　　　　　　　　287
16. 生焗万绿湖大头鱼　　　　　　292

### 六　客家农耕

1. 种绿叶青菜　　　　　　　　　　298
2. 种茄子　　　　　　　　　　　　303
3. 种豆角　　　　　　　　　　　　308
4. 种花生　　　　　　　　　　　　314
5. 种南瓜　　　　　　　　　　　　319
6. 种玉米　　　　　　　　　　　　324

| | |
|---|---|
| 7. 种红薯 | 329 |
| 8. 种黄豆 | 334 |
| 9. 种甘蔗 | 339 |
| 10. 种薄荷 | 344 |
| 11. 种鱼腥草 | 349 |
| 12. 种金银花 | 354 |
| 13. 种艾草 | 360 |

# 一 客家手工艺

# 1

# 箩筐编织

箩筐，用藤条编制的圆形藤制品。在过去，箩筐是农业生产过程中不可或缺的劳动工具，在农业生产生活中占有重要地位，是盛装粮食的器具。在轮式运输工具没有出现之前，箩筐还兼具转运生产物资或生活用品的作用。

任务清单

**基本任务　我能行**
1. 会用美工刀裁剪纸藤条和纸藤线。
2. 掌握编织箩筐的步骤和方法。

## 挑战任务　我尝试

自主设计箩筐编织的样式，编织具有创意的箩筐。

## 工具材料

**纸藤**
用于编织箩筐

**美工刀**
用于裁切藤条

**白乳胶**
用于粘贴藤条

**木夹子**
用于固定藤条

编织箩筐还需要以下工具和材料：

☐ 剪刀　　　　☐ 双面胶
☐ 尺子　　　　☐ 铅笔

## 学习技能

①制作筐底框架：用12股纸藤4根。底部交叉处用手工白胶粘好固定。每根分6股。另外，准备2股编绳，长3~5米。编绳对折如图插入。

②藤条分股：分股时，用剪刀剪个小口，再用PP打包带分股。

③编织筐底：如图加入6股8根侧边绳，2股编绳环绕编织。

④修饰筐底：编绳编完加绳的时候，用手工白胶接入白色编绳。

⑤编织筐身：继续编织到需要的底部大小，将藤条全部竖起，继续编织筐身。

⑥筐口收边：用缠绕法编织筐口，并完成箩筐编织。

**知识链接**

**交叉编织法：**就是两根2股绳子上下交错编织，编织过程中随时检查上下交错花样，避免不小心编错。

**缠绕法：**用股绳子从中间开始，分别往两侧缠绕，最后用胶水固定。

**分股法：**用PP带或者美工刀沿着分股交接处进行裁切。

## 我行我秀

箩筐不仅是实用的生活用品，还是劳动人民智慧的结晶。它的寓意也非常好，代表五谷丰登、琳琅满目。

## 温馨提示

1. 编织果实的时候使用十字短针，可以让果实的表面更加立体。
2. 在给猕猴桃枝造型的时候一定要多观察实物，才能使造型自然。

## 劳动评价

| 箩筐 | 教师 ||  自己 | 家长 |
|---|---|---|---|---|
|  | 前测 | 后测 |  |  |
| 1. 认识材料工具 |  |  |  |  |
| 2. 裁剪纸藤条 |  |  |  |  |
| 3. 学习编织方法 |  |  |  |  |
| 4. 编织箩筐 |  |  |  |  |

## 2

# 收纳箱编织

收纳箱编织是客家传统实用工艺，以手工编制成的收纳箱，因经纬的不同交织编排，形成各种富有装饰意趣的编织纹理，具有自然、朴实、大方的审美效果。

编织的收纳箱可以专门用来分类存放我们的物品，还能起到保护物品的作用。它美观实用，不占空间，是居家日用的好帮手。

**任务清单**

**基本任务　我能行**

1. 能用美工刀裁剪纸藤条和纸藤线。
2. 掌握收纳箱的步骤和编织方法。

## 客家手工艺

**挑战任务 我尝试**

自主设计收纳箱编织的样式，编织实用、美观的收纳箱。

### 工具材料

**纸藤**
用于编织箩筐

**美工刀**
用于裁切藤条

**白乳胶**
用于粘贴藤条

**木夹子**
用于固定藤条

编织收纳箱还需要以下工具和材料：

- ☐ 剪刀
- ☐ 尺子
- ☐ 螺丝刀
- ☐ 双面胶
- ☐ 铅笔
- ☐ 垫板

## 学习技能

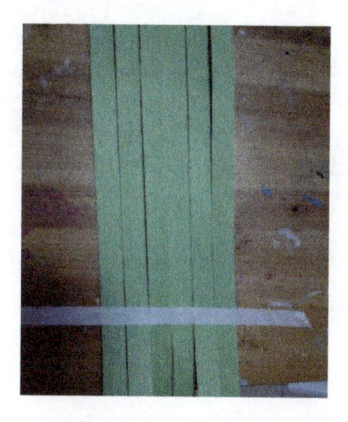

①裁剪藤条：分别裁剪20根长度为32厘米、6根宽度为10厘米、8根高度为15厘米的纸藤条。将横的6根摆放整齐，用胶纸固定两头在桌面上，避免移动。

②编织底部：在垂直方向添加纸藤，纵向编织20根藤。如图所示，拼出您喜欢的图案。

③底部封边：编织完成后，剪一段合适长度的藤条，宽10厘米，长32厘米，如图所示用白色乳胶粘贴。

④测量、裁剪侧面藤条：用卷尺量好高度所需的8根纸藤，也就是所需盒子的周长，用乳胶粘贴1.5厘米，形成一个圈。

⑤编织箱身：依次用交叉编织法编织箱身，编织过程可以用一些小夹子固定。

⑥编织完成：用缠绕法编织箱口，并完成收纳箱编织。

## 我行我秀

日常用品需要合理归置。让我们跟上收纳达人的脚步，剖析收纳箱的秘密武器，学习如何收纳物品，实现整齐简约风尚吧。

## 劳动评价

| 收纳箱 | 教师 ||  自己 | 家长 |
|---|---|---|---|---|
|  | 前测 | 后测 |  |  |
| 1. 认识材料工具 |  |  |  |  |
| 2. 裁剪纸藤条 |  |  |  |  |
| 3. 学习编织方法 |  |  |  |  |
| 4. 编织收纳箱 |  |  |  |  |

# 3

# 手提篮编织

手提篮编织是客家传统实用工艺，以手工编制成的手提篮，因经纬的不同交织编排，形成各种富有装饰意趣的编织纹理，具有自然、朴实、大方的审美效果。在日常生活中，手提篮无论是购物采摘或者携带物品都能发挥便利的作用。

任务清单

**基本任务　我能行**
1. 能用美工刀裁剪纸藤条和纸藤线。
2. 掌握手提篮的步骤和编织方法。

**挑战任务　我尝试**
　　自主设计手提篮编织的样式，编织有纹样的手提篮。

## 工具材料

**纸藤**
用于编织手提篮子

**美工刀**
用于裁切藤条

**白乳胶**
用于粘贴藤条

**木夹子**
用于固定藤条

编织手提篮还需要以下工具和材料：

- ☐ 剪刀
- ☐ 尺子
- ☐ 螺丝刀
- ☐ 双面胶
- ☐ 铅笔
- ☐ 垫板

## 学习技能

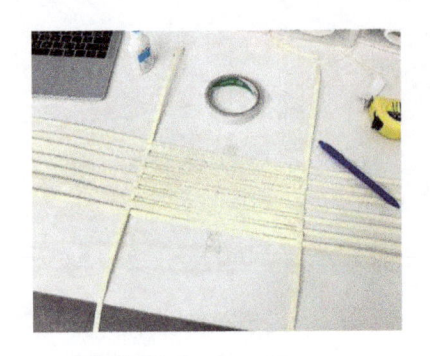

①裁剪藤条：裁剪长度为46厘米，宽度为60厘米的纸藤条。

②编织底部：排序好纸藤条，用交叉编织法编织篮底。

③编织篮身：立起纸藤条，用交叉编织法编织篮身，同时用细线缠绕。

④篮口收边：缠绕编织提篮边沿，并用胶水固定。

⑤编织提手：缠绕编织提手，并于与篮身拼接缠绕，最后用胶水固定。

⑥编织完成：修饰边沿，完成手提篮编织。

## 我行我秀

手提篮的制作方法也是多种多样的，我们也可以根据自己的需要进行一些变换，比如可以用不同的编织方法、材料和颜色等等。

## 温馨提示

1. 使用美工刀时，要注意安全。
2. 纸藤条粘贴白乳胶固定后，不要随意挪动。

## 劳动评价

| 手提篮 | 教师 ||  自己 | 家长 |
|---|---|---|---|---|
| | 前测 | 后测 | | |
| 1. 认识材料工具 | | | | |
| 2. 裁剪纸藤条 | | | | |
| 3. 学习编织方法 | | | | |
| 4. 编织手提篮 | | | | |

## 4

## 剪 纸

剪纸是一种用剪刀或刻刀在纸上剪刻花纹，用于装点生活或配合其他民俗活动的民间艺术。具有浓厚的民族民间艺术特色。其传承的视觉形象和造型格式，蕴含了丰富的文化历史信息，表达了广大民众的社会认知、道德观念等。

## 任务清单

**基本任务　我能行**
1. 勾画或打印样稿，选取合适的刻刀。
2. 将样稿与刻纸用订书机装订起来。
3. 放好垫板，进行剪、刻。

**挑战任务　我尝试**
1. 自主选择图案，进行简单人物图案的刻制。
2. 初步尝试剪、刻十二生肖。
3. 学生刻制客家人物及客家风情剪纸。

## 工具材料

剪刀
用于处理简单外缘或者裁剪纸张

垫板
用于刻纸专用垫板

**刻刀**
雕刻图纸，处理镂空剪纸

**宣纸**
剪、刻专用宣纸

剪纸还需要以下工具和材料：

☐ 订书机　　　　☐ 打孔器
☐ 蜡板　　　　　☐ 镊子

## 学习技能

①起稿：构思刻纸图案。将样式勾画出来或者选取喜欢的样式打印出来。

②选纸：选用特制的剪纸。按照图样大小，把刻纸和画稿的四角订起来。

③刻制：刻制中可借助镊子，刻的技巧是：人物先刻五官部分，花鸟先刻细节；再由中心慢慢向四周刻，先刻里面，再刻外面；先刻复杂，再刻简单。

④剪、揭离：刻制完毕后，需要把刻纸揭开。先把样稿揭离，取出样品，完成作品。再用剪刀修剪作品边缘，最后，把作品放在收纳袋中，便于保存。

**我行我秀**

　　剪纸是一项中国民间传统的手工艺术，用纸剪或刻成人物、花草、虫鱼、鸟兽等形象。刻纸是剪纸中的一种。它不仅是中国传统工艺之一，更是国家非物质文化遗产之一。

## 温馨提示

1. 刻刀刀尖下刀要准确，不要用力太大。
2. 在刻制中，要注意刻制顺序，先刻里面再刻外面；先刻复杂，再刻简单。充分利用刀尖或者打孔器来刻小孔。
3. 小心使用刻刀，以免被割伤。
4. 刻刀不使用时注意盖好刀盖，保存好。

## 劳动评价

| 剪纸 | 教师 ||  自己 | 家长 |
|---|---|---|---|---|
|  | 前测 | 后测 |  |  |
| 1. 起稿 |  |  |  |  |
| 2. 选纸 |  |  |  |  |
| 3. 刻制 |  |  |  |  |
| 4. 剪、揭离 |  |  |  |  |

# 5

# 纸扇制作

纸扇主要由扇骨和纸扇面构成。普通的折扇，一般用竹木做扇骨，也有用象牙、玳瑁、檀香等名贵材料制成，扇骨的工艺则有嵌螺钿的、雕漆的、镂空通身的等，用韧纸做扇面。纸扇面与扇骨可拆下，在扇面上题诗作画，创作完之后，再用浆糊、乳胶等粘上。

**任务清单**

**基本任务　我能行**

1. 能用剪刀裁剪扇纸。
2. 掌握纸扇的步骤和制作方法。

## 挑战任务　我尝试

1. 在扇骨上雕刻纹样。
2. 在扇面上写诗作画。

### 工具材料

**扇骨**
用于做扇子骨架

**扇纸**
用于做扇面

**胶水**
用于粘贴扇面

**铁钳**
用于拧紧螺丝

制作纸扇还需要以下工具和材料：

- ☐ 剪刀
- ☐ 尺子
- ☐ 螺丝
- ☐ 圆规
- ☐ 铅笔
- ☐ 垫板

## 学习技能

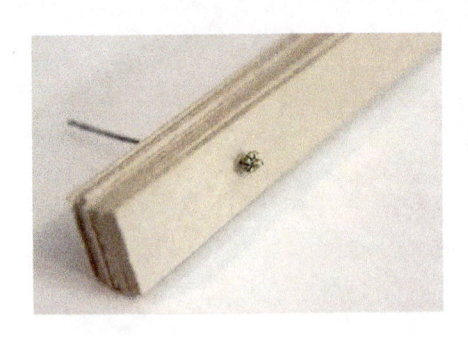

①做扇骨：螺丝钉串联好扇骨，用铁钳拧紧螺丝帽。

②定扇面：用圆规辅助画好扇面的形状。

③裁剪扇面：测量好扇骨与扇面的距离，并裁剪扇面。

④糊扇面：用胶水粘贴好扇骨与扇面。

⑤处理边沿：修剪处理纸。

⑥收纸扇：完成纸扇制作，把纸扇折叠收好。

## 我行我秀

纸扇是我国传统用扇中从古自今使用最为广泛的扇子，无论是家用扇风纳凉还是作为道具用于艺术表演以及当作工艺品把玩都极为常见。

## 温馨提示

1. 使用剪刀时，要注意安全。
2. 扇面粘贴胶水后，不要随意挪动。

## 劳动评价

| 纸扇制作 | 教师 前测 | 教师 后测 | 自己 | 家长 |
|---|---|---|---|---|
| 1. 认识材料工具 | | | | |
| 2. 裁剪纸扇面 | | | | |
| 3. 学习制作方法 | | | | |
| 4. 制作纸扇 | | | | |

# 6

# 墩头蓝染

客家"墩头蓝"是广东省河源市和平县彭寨镇墩头村生产的系列面料布艺成品,是特有的客家文化产物。主要是以当地大蓝、小青、薯莨、茜草等纯天然植物染料作为原材料,在水中自然发酵,释放出鲜艳的色素,这种蓝色的汁液便是最基本的染色原料,称之为靛蓝。

**任务清单**

**基本任务 我能行**
1. 正确调配染液。
2. 会浸泡染色。

**挑战任务　我尝试**

我能用现代技法调配出适合的染液，尝试染出靛蓝的布料。

### 工具材料

**小青　　大蓝**
用于制作蓝靛的天然材料

**瓦缸**
用于盛装染料和浸泡布料

**石灰**
制靛过程中的材料

**布料**
用于染色的素材

墩头蓝染

制作"墩头蓝"还需要以下工具和材料。

☐ 棍子　　　　　☐ 塑料盆
☐ 手套　　　　　☐ 围裙

## 学习技能

①制蓝：采摘新鲜的大蓝或小青叶茎，清洗干净，放入瓦缸中浸泡3~5天，在水中自然发酵，释放出新鲜的蓝色。

②染布：用靛泥、水、草木灰等制成染水，将面料浸泡染制，运用染色次数和时间长短控制染色深浅。

③洗布：把布料从染缸中捞出，用清水把表面的浮色洗净。

④晒布：把清洗好的布料用竹杆晾晒，其间要抖动布料让其平整。

## 我行我秀

墩头蓝·客家传统织染绣工艺是广东客家地区仅剩的一门既有染又有织的手工艺，是中国优秀传统手工印染纺织绣的一个分支，因工艺所在的墩头村而名。从明清至20世纪90年代末曾盛极一时，系列布艺产品畅销南北，南走水路销往珠三角，北闯粤赣古道远播湘、赣、闽边区。其创始人是明初落基和平县彭镇墩头村的曾孟荣。曾孟荣在墩头村一手发展棉麻纺织印染，一手创办启蒙劝学、研学典籍的东江·梅园书屋。清乾隆、嘉庆年因教绩显著，被广东学政万承风追赞为"东江第一儒林"，并亲自向朝廷请赐"第一儒林"旌匾，以示褒奖。清嘉庆十年，东江第一儒林·梅园书屋开始作为墩头村集中传授墩头蓝·客家传统织染绣工艺的场地。饱含客家人生活印记的墩头蓝，不仅仅是客家布衣的本色和标志，委实是岭南文化乃至中华文化的底色与风韵！

**温馨提示**

1. 染色时间为5分钟以上，也可以根据需要的深度进行调整尝试。
2. 在搅拌染液时，顺时针或向一个方向进行搅拌，染液更均匀。
3. 注意在进行制作时一定要戴好橡胶手套，以免手部着色。

**劳动评价**

| 墩头蓝染 | 教师 ||自己 | 家长 |
| --- | --- | --- | --- | --- |
|  | 前测 | 后测 |  |  |
| 1. 制蓝 |  |  |  |  |
| 2. 染布 |  |  |  |  |
| 3. 洗布 |  |  |  |  |
| 4. 晒布 |  |  |  |  |

# 7 扎 染

扎染是中国民间传统手工染色工艺，织物在染色时部分结扎起来使之不能着色的染色方法。通过纱、线、绳等工具，对织物进行扎、缝、缚、缀、夹等多种形式组合后进行染色。

**任务清单**

### 基本任务　我能行

1. 正确调配染液。
2. 会运用夹子夹染。
3. 会运用扎结技法、捆扎法扎染。

## 挑战任务 我尝试

我会使用各种工具，设计花型，染出漂亮的布。

### 工具材料

**染料**
用于染色材料

**扎结工具**
用于扎染中形成不同的花型

**布料**
用于染色的素材

**剪刀**
用于拆除扎染工具

客家手工艺

剪纸还需要以下工具和材料。

- ☐ 拆线器
- ☐ 手套
- ☐ 塑料盆
- ☐ 围裙

**学习技能**

①调配染液，静置30分钟。

②利用各种工具制作花型。

③将染布浸入染料染色5分钟以上。

④染色后挤干多于染液，等待氧化。

⑤将布料解开，放入清水清洗。

⑥清洗后进行晾晒。

## 我行我秀

扎染技法各有特色，晕色丰富，变化自然，趣味无穷。更使人惊奇的是扎结出的每种图案，都具有独一无二的效果，染出的成品不会有相同纹样的出现。这种独特的艺术效果，是机械印染工艺难以达到的。

## 温馨提示

1. 小心不要将染料染到衣服上。
2. 注意一定要扎紧，扎紧的地方，染料渗不进去，会出现白色纹理。
3. 注意在进行制作时一定要戴好橡胶手套。

## 劳动评价

| 扎染 | 教师 ||  自己 | 家长 |
|---|---|---|---|---|
| | 前测 | 后测 | | |
| 1. 调配染料 | | | | |
| 2. 扎结 | | | | |
| 3. 浸泡布料 | | | | |
| 4. 晾晒 | | | | |

# 二 客家传统小吃

# 1

# 甜　粄

客家甜粄，俗称年糕。按传统习俗，一般在农历腊月二十五之后才开始制作，客家甜粄柔韧味甜，寓意新的一年甜蜜不断、好运连连。

## 任务清单

**基本任务　我能行**
1. 知道制作客家甜粄的所需食材和容器。
2. 掌握食材的配比和处理，制作客家甜粄。

**挑战任务　我尝试**
会独立制作客家甜粄，并与他人分享。

## 工具材料

**糯米粉**

用于制作客家甜粄。

**油刷**

用于刷油。

**红糖**

用于制作甜粄，增色、增味。

**擀面杖**

用于搅拌甜粄面糊。

制作客家甜粄还需要以下工具和材料。

- ☐ 玉米油
- ☐ 和面盆
- ☐ 煮锅
- ☐ 油刷
- ☐ 菜刀
- ☐ 电子秤
- ☐ 蒸盘
- ☐ 筷子
- ☐ 刮刀

## 食材配比

糯米粉500克、粘米粉200克、水700克、红糖300克、玉米油12克

## 学习技能

①称：称出500克糯米粉和200克粘米粉倒入面盆中。

②煮：将300克红糖倒入700克水中煮成红糖水。

③搅拌：将红糖水放至不烫手后倒入粉中，并搅拌均匀。

④加入12克玉米油，继续搅拌至面糊呈柔韧丝滑状态。

⑤刷：在蒸盘上刷玉米油防粘，并将面糊倒入盘中。

⑥按压：将表面按压平整。

⑦蒸：放入蒸锅，大火蒸至筷子戳入再拿出无粉浆即可。

⑧刷：将粄拿出蒸锅，立刻刷上玉米油。

⑨甜粄放至完全冷却后，用刮刀辅助将粄脱模并切块。

**我行我秀**

客家甜粄是以糯米粉和红糖为主要材料，经蒸制放凉后切块，直接食用或油煎食用。

## 温馨提示

1. 掌握好面团水量，不同品牌的粉吸水性不同，可根据实际情况调整，水少成品干硬，水多则不成型。
2. 蒸 1 小时后用筷子戳进粄中，筷子提起不粘粉浆即蒸熟。
3. 刚蒸好的客家甜粄比较软、黏，要放置冷却后再切块。

## 劳动评价

| 甜粄 | 教师 ||  自己 | 家长 |
|---|---|---|---|---|
|  | 前测 | 后测 |  |  |
| 1. 煮红糖水 |  |  |  |  |
| 2. 搅拌面糊 |  |  |  |  |
| 3. 蒸粄 |  |  |  |  |
| 4. 切块 |  |  |  |  |

## 2

# 客家喜粄

客家喜粄，又称发粄。在客家地区喜粄与喜事息息相关，春节、嫁娶、落新屋、祈福，都会制作喜粄供神或回礼。客家喜粄寄托了客家人对生活的美好憧憬，承载着历史悠久的客家文化。

**任务清单**

**基本任务　我能行**

1. 了解制作客家喜粄需要的食材。
2. 掌握食材的配比和处理。
3. 会制作客家喜粄。

客家喜粄　45

**挑战任务　我尝试**

家有喜事时，能独立制作客家喜粄。

## 工具材料

**糯米粉**

制作客家喜粄的原材料

**粘米粉**

制作客家喜粄的原材料

**酵母**

用于发酵面团

**红曲粉**

用于给客家喜粄上色

**面粉筛**

用于面粉过筛，不易起团。

**纸垫**

用于蒸喜粄防粘。

制作客家喜粄还需要以下工具和材料。

- ☐ 白砂糖
- ☐ 玉米油
- ☐ 和面盆
- ☐ 雪平锅
- ☐ 面粉
- ☐ 耐高糖酵母粉
- ☐ 电子秤
- ☐ 蒸笼
- ☐ 筷子

### 食材配比

粘米粉300克、糯米粉150克、中筋面粉50克、耐高糖酵母粉5克、红曲粉5克、水440克、玉米油10克

客家喜粄　47

## 学习技能

①称：称量食材。

②筛：将粘米粉、糯米粉、面粉过筛并混合均匀。

③煮：将白砂糖放入400克水中煮成糖水。

④化：将红曲粉、酵母粉分别加入20克水化开。

⑤倒：将红曲水、酵母水倒入粉中。

⑥搅拌：将晾至不烫手的温糖水倒入粉中搅拌均匀，拌成湿软的面团。

客家传统小吃

⑦揉：揉面。

⑧醒发：盖上盖子醒发面团，发至2倍大。

⑨揉：取一块面团，在手心揉圆并放入纸垫里。

⑩蒸：冷水下锅，上汽后用中火蒸10分钟即可。

## 我行我秀

客家喜粄是以糯米、粘米和面粉为原料、加白糖调味、用红曲粉染色蒸制而成的客家传统糕点，口感绵软细腻，香甜可口。

## 温馨提示

1. 要根据配比，精准称量食材。
2. 发酵的时间可以根据当时温度进行灵活调整，如果气温过低，可以用温水加速发酵。
3. 蒸粄时注意安全，避免被蒸汽烫伤。
4. 纸垫可以用蕉叶替代。

## 劳动评价

| 客家喜粄 | 教师 ||  自己 | 家长 |
|---|---|---|---|---|
| | 前测 | 后测 | | |
| 1. 称食材 | | | | |
| 2. 揉面 | | | | |
| 3. 醒发面团 | | | | |
| 4. 蒸喜粄 | | | | |

# 3

# 灰水粄

客家灰水粄，是一种以草木灰水和大米为主要原料的美食，一般分为黄色、绿色两种，黄色灰水粄是原味，绿色灰水粄是加入了韭菜，这道美食不仅口感独特，还体现了客家人民的智慧和创造力。在客家聚会、节日或日常生活中，这些小吃常常成为人们聚在一起分享的美食，增添了生活的乐趣与情趣。

## 任务清单

**基本任务　我能行**

1. 知道制作灰水粄/韭菜粄的食材及配比。
2. 会制作灰水粄/韭菜粄。

**挑战任务　我尝试**

会根据自己的喜好，制作不同口味的客家灰水粄。

## 工具材料

**草木灰水**

增加食物特色风味、延长保质期

**大米**

制作客家灰水粄的原材料

**韭菜**

制作客家韭菜粄的原材料

**打浆机**

用于打米浆和韭菜浆

制作客家灰水粄/韭菜粄还需要以下工具和材料。

- ☐ 花生油　　　　☐ 电子秤
- ☐ 盆　　　　　　☐ 蒸笼
- ☐ 蒸布　　　　　☐ 不锈钢盘

## 食材配比

大米2000克（原味灰水粄、韭菜粄各1000克）、灰水1000毫升、清水3000毫升、韭菜400克、盐适量、花生油适量

## 学习技能

①泡：大米洗净，将灰水与清水混合，浸泡大米4小时。

②切：将韭菜洗净、切碎备用。

③打浆：韭菜粄粉浆按照一勺米、一勺韭菜的方式，舀入打浆机中打成米浆。

④用同样的方式打好原味灰水粄、韭菜粄两味粉浆。

⑤炒：小火热锅，倒入适量的花生油，倒入粉浆，再加入适量食用盐翻炒，期间要不停翻拌以免粘锅。

⑥和：炒至水分蒸发，粄胚成型后铲出锅，双手抹油后和面成团。

⑦按压：将生胚反复按压成型，可做成长方形大块，也可用手握成条状。

⑧蒸：水开后，将做好的粄放入锅中，蒸10分钟，关火后焖2分钟开盖取出摊开晾凉，灰水粄制作完成。

**我行我秀**

灰水粄香脆可口，柔软而有韧性，也可以根据自己的喜好在其制作中加入大蒜、槐花、香料等调味，制作别有风味的灰水粄。

**温馨提示**

1. 为增加色泽，可在原味灰水粄粉浆中加入适量的槐花水。
2. 炒粉浆时要不停翻拌，以免粘锅。
3. 炒粉浆要注意方法，不要被溅起的粉浆烫伤。
4. 按压粄胚要抹上适量油，可以防止粘连。

## 劳动评价

| 灰水粄/韭菜粄 | 教师 || 自己 | 家长 |
|---|---|---|---|---|
| | 前测 | 后测 | | |
| 1. 打粉浆 | | | | |
| 2. 炒粉浆 | | | | |
| 3. 和面搓条 | | | | |
| 4. 蒸客家灰水粄/韭菜粄 | | | | |

# 4 艾 粄

"清明前后吃艾粄，一年四季不生病"是流行于客家地区上千年的习俗。艾粄，又叫清明粄，是客家地区清明时节的特色小吃，也是客家独特的清明文化。清明节前后，是艾草长得最鲜嫩的时期，客家人采摘艾草，与糯米粉一起制成艾粄。清明节最重要的活动是扫墓祭祖，艾粄还是客家人祭祖的传统四大祭品之一。祭祖用"青"的艾粄寓意子孙延绵，像艾草一样长青，表达了我们客家人美好的愿望。

**任务清单**

**基本任务　我能行**
1. 知道制作艾粄的食材。
2. 会制作艾粄。

艾粄　57

挑战任务　我尝试

会根据自己的喜好，制作不同馅料的艾粄。

**工具材料**

艾草

制作艾粄皮的原材料

食用碱

能让艾叶保持翠绿不变黄

糯米粉

制作艾粄皮的原材料

粘米粉

制作艾粄皮的原材料

芝麻

用于制作艾粄馅料

花生碎

用于制作艾粄馅料

制作艾粄还需要以下工具和材料。

☐ 玉米油　　　　　　☐ 电子秤
☐ 和面盆　　　　　　☐ 蒸笼
☐ 破壁料理机　　　　☐ 硅胶刷
☐ 纸垫　　　　　　　☐ 筷子

## 食材配比

嫩艾叶800g、糯米粉500g、粘米粉150g、花生250g、黑芝麻250g、白砂糖250g、玉米油10g、食用碱3g

## 学习技能

①洗：新鲜艾草去掉根茎，摘除黄叶，保留嫩叶，并清洗干净。

②焯：锅中水烧开，加入3g食用碱，放入艾叶焯水至变软后捞出，然后泡入冷水中搓洗两边，去除苦涩味。

③打糊：艾叶保留少量水倒入破壁料理机中，打成艾叶糊备用。

④碎馅料：花生和芝麻分别炒香，加入白砂糖，一起倒入料理机中打碎。

⑤搅拌：糯米粉和粘米粉混合均匀，将艾叶糊倒入粉中搅拌均匀。

⑥揉：和面成团，揉至光滑。

⑦捏：揪下小剂子，捏成"碗"状，并舀入馅料。

⑧用虎口收口并捏紧封口。

⑨摆：整理成圆后，在蒸笼垫上纸垫，将做好造型的艾粄摆放好。

⑩蒸：冷水上锅蒸，上汽后蒸10分钟即可。出锅的艾粄，立刻刷上玉米油，防止表皮变硬，艾粄制作完成。

## 我行我秀

蒸熟后的艾粄色泽翠绿，清香宜人，散发着浓浓艾叶香。让人如沐春风，享受着来自大自然的馈赠。艾粄的内馅也可以根据自己的喜好调整，艾粄有甜香和咸香两种口味。

## 温馨提示

1. 艾叶焯水时要加入食用碱，能让艾叶加速变软，也能保持颜色的翠绿。
2. 艾粄收口一定要捏紧，否则，蒸制的时候表皮容易破裂。

## 劳动评价

| 艾粄 | 教师 ||  自己 | 家长 |
| --- | --- | --- | --- | --- |
|  | 前测 | 后测 |  |  |
| 1. 制作艾草糊 |  |  |  |  |
| 2. 制作馅料 |  |  |  |  |
| 3. 揉艾粄皮 |  |  |  |  |
| 4. 包艾粄 |  |  |  |  |
| 5. 蒸艾粄 |  |  |  |  |

# 5 眉豆粄

眉豆粄，典型的客家美食，在经历时代变迁后，由主食转变为现在街头的休闲小吃，流行于河源的大街小巷。无论是在市区还是县城，都有人担着篮子、推着车子，吆喝叫卖着眉豆粄。眉豆粄以眉豆佐以红葱头做馅，其形状像发芽的种子，寓意万物生长、开枝散叶、平安大吉，趁热吃鲜香绵软，吃过口齿留香，深受客家人的喜爱。

**任务清单**

**基本任务　我能行**
1. 知道制作眉豆粄的食材。
2. 掌握食材的配比和处理，制作眉豆粄。

眉豆粄　63

**挑战任务　我尝试**

尝试与他人合作制作眉豆艾粄。

## 工具材料

**糯米粉**

用于制作眉豆粄粄皮

**粘米粉**

用于制作眉豆粄粄皮

**眉豆**

用于制作眉豆馅

**红葱头**

做馅料，增加眉豆粄的风味

**蒸笼**

用于蒸制眉豆粄

**纸垫**

用于蒸眉豆粄防粘

制作眉豆粄还需要以下工具和材料。

- ☐ 花生油
- ☐ 电压力锅
- ☐ 和面盆
- ☐ 油刷
- ☐ 五香粉
- ☐ 电子秤
- ☐ 筷子
- ☐ 盐

## 食材配比

糯米粉750克、粘米粉165克、眉豆500克、红葱头100克、花生油15g、五香粉5克

## 学习技能

①煲：将眉豆放入电压力锅中煲软。

②炒：将煲软的眉豆倒掉多余的水，锅中放油和红葱头爆香，再倒入红豆翻炒，可以根据自己的喜好放五香粉增香，炒好的眉豆馅晾凉备用。

③称：按比例称出食材。

④搅拌：将糯米粉和粘米粉倒入和面盆中，加入适量的水搅拌均匀。

⑤揉面：反复揉面至面团劲道。

⑥分：将眉豆馅分成大小均等的量并揉成圆球形备用。

⑦捏：取一块面团，揉圆后捏薄，放入眉豆馅。

⑧包：将边缘捏起粘连并整圆。

⑨垫：底部垫上纸垫，放入蒸笼中，上气后蒸10分钟。

⑩刷：打开锅盖后，立刻在眉豆粄表面刷油防干燥，眉豆粄制作完成。

## 我行我秀

常规眉豆粄的皮由糯米粉和粘米粉两种粉制作而成，也可以根据个人喜好，制作眉豆馅艾粄，用眉豆与葱蒜做馅，用艾草混糯米混团做皮，蒸熟后绿色"团团"，一股清香的美味沁鼻而来，艾草的清香混着葱蒜的香气，吃上一口，艾草的幽香，带着眉豆的咸香，还夹着一点儿青涩，风味独特。

## 温馨提示

1. 煲眉豆要注意火候，根据自己的喜好决定豆的软硬。
2. 眉豆粄蒸之前要垫上纸垫或蕉叶等，以防粘连蒸笼。
3. 开锅后，要立马在粄的表面刷油，有防止干硬、增加光泽的作用。

## 劳动评价

| 眉豆粄 | 教师 前测 | 教师 后测 | 自己 | 家长 |
| --- | --- | --- | --- | --- |
| 1. 制作眉豆馅 | | | | |
| 2. 揉眉豆粄皮 | | | | |
| 3. 包眉豆粄 | | | | |
| 4. 蒸眉豆粄 | | | | |

## 6

# 糯米糍

糯米糍作为客家美食的代表之一，以其独特的制作工艺和口感，吸引了众多人的味蕾，它的外观洁白如玉，口感软糯香甜，内馅以芝麻和花生为主，每一口糯米糍都蕴含着客家人对家乡的深情厚意，是一道让人感受到温暖和亲切的美食。

**任务清单**

**基本任务 我能行**

1. 知道制作糯米糍的食材及配比。
2. 会制作糯米糍。

糯米糍　69

**挑战任务　我尝试**

会根据自己的喜好，制作不同馅料的糯米糍。

## 工具材料

**糯米粉**

制作糯米糍皮的原材料

**粘米粉**

制作糯米糍皮的原材料

**黑芝麻**

用于制作馅料

**花生碎**

用于制作馅料

客家传统小吃

**平底锅**
用于炒香芝麻花生

**料理机**
用于打碎芝麻花生

制作糯米糍还需要以下工具和材料。

- ☐ 白砂糖
- ☐ 电子秤
- ☐ 和面盆
- ☐ 调羹
- ☐ 玉米油
- ☐ 蒸盘
- ☐ 筷子

### 食材配比

糯米粉550克（50克为预留干粉）、粘米粉110克、白砂糖115克（皮50克/馅65克）、水520克、玉米油15克、花生250克、芝麻100克

## 学习技能

①称：读配方表并称量食材。

②搅拌：将粘米粉、糯米粉、水、13克玉米油倒入和面盆中用筷子搅拌均匀。

③倒：用2克玉米油刷蒸盘，并倒入搅拌好的粉浆。

④蒸：冷水上锅用中火蒸20分钟（蒸制过程中制作馅料、炒熟50克干糯米粉备用）。

⑤炒：将芝麻和花生分别炒香。

⑥打碎：将芝麻和花生用料理机打碎。

⑦揉：反复揉面至面团劲道。

⑧扯：揪下面团65克并扯开，舀入馅料。

⑨包：将边缘捏起粘连并整圆。

⑩裹：包好的糯米糍裹上少许干糯米粉防粘，美味的糯米糍制作完成。

**我行我秀**

糯米糍口感软糯，外皮薄滑，内馅香甜可口，层次丰富。是客家人喜爱的小吃。

## 温馨提示

1. 在蒸制过程中，要注意蒸盘内有无倒流水，若有要及时倒掉。
2. 炒花生、黑芝麻、干粉时要注意火候，多翻拌，以免炒糊。
3. 蒸粄时注意安全，避免被蒸汽烫伤。

## 劳动评价

| 糯米糍 | 教师 ||  自己 | 家长 |
|---|---|---|---|---|
|  | 前测 | 后测 |  |  |
| 1. 称量食材 |  |  |  |  |
| 2. 蒸糯米糍皮 |  |  |  |  |
| 3. 制作馅料 |  |  |  |  |
| 4. 包糯米糍 |  |  |  |  |

## 7 萝卜粄

客家萝卜粄制作有着悠久的历史。最早始于何年，亦不可考。萝卜粄盛满了东江流域客家人儿时的记忆，承载了一些人一家的生计。客家人常说"冬至大过年"，逢冬至日，家家户户都要吃萝卜粄。每到冬至那天，不少人家都会一起捏煮粄(即萝卜粄)、吃煮粄，热气腾腾，其乐也融融。这个场景，常常是市民的儿时记忆，或是外地游子的乡愁寄托。

**任务清单**

**基本任务　我能行**

1. 知道制作萝卜粄的食材及配比。
2. 会制作萝卜粄。

萝卜粄

**挑战任务　我尝试**

根据自己的喜好制作汤萝卜粄或煎萝卜粄。

## 工具材料

**白萝卜**

制作萝卜粄的主要馅料

**五花肉**

制作萝卜粄的馅料

**虾米**

用于馅料增香

**虾皮**

用于煮萝卜粄汤底，增鲜

胡椒粒

用于调味

擦丝器

用于擦白萝卜丝

制作萝卜粄还需要以下工具和材料。

- ☐ 糯米粉
- ☐ 干木耳
- ☐ 花生油
- ☐ 胡椒粉
- ☐ 电子秤
- ☐ 锅
- ☐ 蒸笼
- ☐ 干香菇
- ☐ 红葱头
- ☐ 生抽
- ☐ 盐
- ☐ 和面盆
- ☐ 筷子
- ☐ 纸垫

## 食材配比

糯米粉1000克、粘米粉200克、五花肉500克、白萝卜5根、干香菇50克、干木耳30克、红葱头50克、虾米30克、虾皮30克

花生油、水、生抽、胡椒粉、盐适量

萝卜粄

## 学习技能

①称：根据配方比例称量食材。

②初加工：将白萝卜擦细丝，并加入适量盐抓出水分并挤干备用；将五花肉切成小块；将干香菇和木耳分别泡发并切丝；将红葱头去衣。

③炒：炒馅料，锅中倒油，先将五花肉倒入锅中炒出油，然后依次下入香菇、木耳、虾米、白萝卜丝翻炒，并加入生抽、胡椒粉等调味料调味，炒好的馅料盛出放凉。

④煮：将糯米粉和粘米粉混合均匀，取500克的粉用沸水和面，成团后再放入沸水锅中煮成烫面剂子。

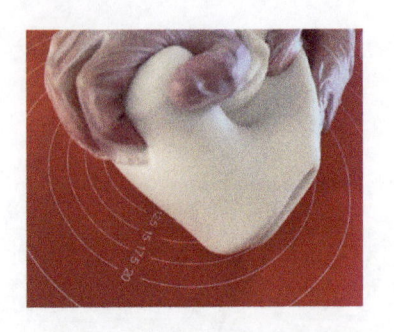

客家传统小吃

⑤揉面：将烫面剂子捞出与剩下的干粉中混合，并反复揉面至面团劲道。

⑥捏皮：在面团中揪下65克左右的剂子，捏成碗型，在中间放入适量的馅料。

⑦收口：将边缘捏紧收口，然后用双手按压成月牙形。

⑧蒸：底部垫上纸垫，将萝卜粄放入蒸笼中，上汽后蒸15~20分钟。

**我行我秀**

萝卜粄的吃法多样，可煮、可蒸、可煎，可以根据自己的喜好调整食材。

## 温馨提示

1. 白萝卜擦丝后要加盐抓出水，以免炒馅料时出水太多，影响口感。
2. 萝卜粄生胚做好后，表面可撒适量干粉以防粘连，蒸制时也不可挨得太近。

## 劳动评价

| 萝卜粄 | 教师 ||  自己 | 家长 |
| --- | --- | --- | --- | --- |
|  | 前测 | 后测 |  |  |
| 1. 称量食材 |  |  |  |  |
| 2. 加工食材 |  |  |  |  |
| 3. 炒馅料 |  |  |  |  |
| 4. 烫面剂子 |  |  |  |  |
| 5. 和面 |  |  |  |  |

# 8

# 笋 粄

笋粄是发源于广东梅州大埔，是大埔最典型的，带有浓厚中原饮食文化印记的一道客家小吃。笋粄以木薯粉做皮，冬笋粒、鱿鱼、虾仁、香菇、豆腐干、五花鲜肉等为馅料，包裹成似饺子而大于饺子的形状。

**任务清单**

**基本任务　我能行**

1. 了解制作笋粄需要的食材。
2. 学习食材的配比和处理。
3. 掌握捏制笋粄的方法，制作笋粄。

笋粄

**挑战任务　我尝试**

能根据自己喜欢的口味选择食材，独立制作美味的笋粄。

## 工具材料

**木薯淀粉**

用于制作笋粄粄皮

**笋丝干**

用于制作笋粄内馅

**厨房电子秤**

用于称出食材重量

**压粄模具**

用于压出笋粄形状

制作笋粄还需要以下工具和材料。

☐ 猪肉　　　　　　☐ 鱿鱼干
☐ 虾仁干　　　　　☐ 香干
☐ 香菇干　　　　　☐ 黑木耳干

### 食材配比

木薯淀粉500克、猪肉150克、干香菇30克、黑木耳20克、干鱿鱼100克、香干100克、红葱头20克、胡萝卜1根、虾米20克、笋丝干50克、蚝油、生抽、胡椒粉适量

### 学习技能

①称：按比例称出食材，并将所有的食材提前浸泡、切丁备用。

②炒：锅中依次放入红葱头、猪肉、笋、香菇、木耳、虾仁、香干、胡萝卜炒香。

③揉：将木薯粉倒入和面盆中，用沸水和面，并揉至表面光滑。

④擀：将面团平均分成每个30克的小剂子，并将剂子擀成和压粄模具直径相对应的圆形面片。

⑤舀：将面片放在模具上，外圈蘸水，舀入馅。

⑥捏：将模具合起，用力捏紧封口。

⑦蒸：将做好的笋粄放置在纸垫上，水开后下锅，用中火蒸制，上汽后蒸8分钟即可。

⑧美味的笋粄就做好了。

## 我行我秀

笋粄的馅料多样，可以根据自己的口味增减食材。

## 温馨提示

1. 笋丝干要提前一晚浸泡。
2. 制作皮一定要用沸水和面，揉好后的面团要盖层保鲜膜以防皮变干。(如果皮变干了，可以加少许水揉搓均匀)
3. 使用模具脱模时要注意不要夹破面皮，脱模后立放在油纸上。
4. 做好的笋粄放入笼屉时，不可放置太紧密，以免粘连。

## 劳动评价

| 笋粄 | 教师 ||  自己 | 家长 |
|---|---|---|---|---|
|  | 前测 | 后测 |  |  |
| 称量食材 |  |  |  |  |
| 炒制馅料 |  |  |  |  |
| 和面 |  |  |  |  |
| 擀面皮 |  |  |  |  |
| 包馅 |  |  |  |  |
| 蒸笋粄 |  |  |  |  |

# 9 炸油果

"炸油果"又名"炸煎堆"。临近年关，客家人就会团团围在家中做炸油果，所谓煎堆碌碌，金银满屋，寓意团团圆圆，象征金银满屋，收获丰盛，饱涵着人们对阖家团圆、生活美满的祝愿，是客家人家家户户必备的年货。

**任务清单**

**基本任务　我能行**
1. 知道制作炸油果的食材。
2. 会炸油果。

**挑战任务　我尝试**
我能独立制作各种口味的炸油果。

## 工具材料

**糯米粉**

制作油果的原材料

**粘米粉**

制作油果的原材料

**黄片糖**

用于制作黄糖水

**漏勺**

用于沥油

**长竹筷**

用于搅动炸油果防粘连

**煮锅**

用于煮黄糖水

制作炸油果还需要以下工具和材料。

☐ 花生油　　　　　☐ 电子秤
☐ 和面盆　　　　　☐ 揉面垫
☐ 铁锅

### 食材配比

糯米粉750克、粘米粉165克、黄片糖250克、水550毫升、油适量

### 学习技能

①称：读配方表并称量食材。

②煮：水和黄片糖放入锅中煮成黄糖水。

③搅拌：将糯米粉和粘米粉倒入盆中混合均匀，趁热将黄糖水倒入粉中搅拌均匀。

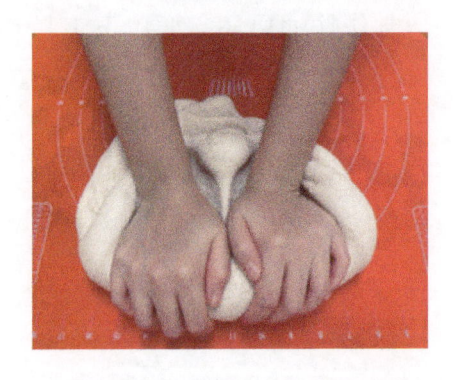

④揉面：反复揉面至面团劲道。

⑤握：揪下一块面团，用手握成椭圆形的粗条状。

⑥炸：油温加热至120℃，将剂子慢慢下入油锅，同时用长筷子搅动防粘连。

⑦捞：油果炸至浅黄色，用漏勺捞起。

⑧复炸：将油温升高至135℃，将油果放入复炸。

⑨捞：油果炸至金黄色，捞起控油，制作完成。

**我行我秀**

炸油果色泽金黄，圆润饱满，口感良好，外壳香香脆脆，里面软软糯糯，入口甜而不腻，亦可加入红薯、紫薯一起制作，是客家男女老少都喜爱的特色美食。

## 温馨提示

1. 油果下油锅时，将剂子沿锅边慢慢滚下，要注意安全，不要被溅起的热油烫伤。
2. 剂子下油锅后，要用筷子不停翻动、分离粘连的油果。

## 劳动评价

| 炸油果 | 教师 ||  自己 | 家长 |
| --- | --- | --- | --- | --- |
|  | 前测 | 后测 |  |  |
| 1. 称量食材 |  |  |  |  |
| 2. 煮黄糖水 |  |  |  |  |
| 3. 揉面 |  |  |  |  |
| 4. 握剂子 |  |  |  |  |
| 5. 炸油果 |  |  |  |  |

## 10

# 炸麻条

炸麻条，是客家人难忘的童年回忆，也是客家人必备的年货。以前零食不像现在那么丰富，只有过年的时候，才能吃上一次酥脆香甜的炸麻条。炸麻条是用面粉制作而成，外形呈长条状，颜色金黄，口感松香酥脆。芝麻的香，面粉的酥，白砂糖的甜，油炸过后的脆，都是吃过炸麻条后的回味。

**任务清单**

**基本任务　我能行**
1. 知道制作炸麻条的食材及配比。
2. 会制作炸麻条。

**挑战任务　我尝试**
会独立制作炸麻条并与他人分享。

## 工具材料

**中筋面粉**

制作麻条的原材料

**鸡蛋**

增加炸麻条的蛋香味

**黑芝麻**

制作麻条的主要配料

**小苏打**

让炸麻条变蓬松

**揉面垫**

用于揉面

**擀面杖**

用于擀麻条

制作炸麻条还需要以下工具和材料。

- ☐ 白砂糖
- ☐ 电子秤
- ☐ 菜刀
- ☐ 和面盆
- ☐ 花生油
- ☐ 大漏勺
- ☐ 长竹筷

## 食材配比

中筋面粉300克、糖75克、黑芝麻15克、鸡蛋2个、小苏打3克、水200毫升

## 学习技能

①称：读配方表并称量食材。

②搅拌：将面粉、糖、鸡蛋、小苏打、水倒入和面盆中用筷子搅拌均匀。

③揉：揉成光滑的面团，并静置醒面20分钟。

④擀：将面团撒干粉，擀成厚薄适中的面片。

⑤切：用菜刀切成条状。

⑥撒：撒上干粉并抖散面条、再放在大漏勺中抖掉多余的干粉。

⑦炸：锅中倒油，油温热至120℃下面条炸，期间不停翻动。

⑧捞：角仔炸至金黄后，用漏勺控油捞出、放凉，制作完成。

**我行我秀**

炸麻条又香又酥脆,香味很浓郁,小巧好入口,让人吃了停不下来,麻条可以根据自己的喜好做成咸味或甜味。

**温馨提示**

1. 擀面片时,面片四周厚薄要一致。
2. 炸之前要抖掉多余干粉,否则,会让油锅变浑浊。

## 劳动评价

| 炸麻条 | 教师 ||  自己 | 家长 |
|---|---|---|---|---|
| | 前测 | 后测 | | |
| 1. 称量食材 | | | | |
| 2. 揉面 | | | | |
| 3. 醒面 | | | | |
| 4. 擀面切条 | | | | |
| 5. 炸麻条 | | | | |

## 11

## 铁勺挞

在河源许多地方，都能看到客家传统小吃铁勺挞。铁勺挞也叫铁勺唎、铁勺饼、花生唎、黄豆唎。铁勺挞用粘米粉调糊后用油炸而成，首先用一个圆铁勺装上磨好的米浆，并视个人爱好加上葱、黄豆或是花生、芝麻等，再放进油锅里炸，入油锅炸至金黄捞起，口感咸香酥脆。铁勺挞色泽光亮、香酥可口，是老少皆宜的休闲食品，也是居家、休闲、旅游、馈赠朋友的上选食品。

任务清单

**基本任务　我能行**
1. 知道制作铁勺挞的食材及配比。
2. 会炸铁勺挞。

**挑战任务　我尝试**

会根据自己的喜好加上葱、黄豆等调料制作铁勺挞。

## 工具材料

**粘米粉**
制作铁勺挞粉浆

**花生**
增加铁勺挞风味

**黑芝麻**
使铁勺挞增香

**铁勺挞模具**
用于炸铁勺挞

制作铁勺挞还需要以下工具和材料。

☐ 鸡蛋　　　　　☐ 花生油
☐ 五香粉　　　　☐ 盐
☐ 小苏打　　　　☐ 电子秤
☐ 和面盆　　　　☐ 漏勺
☐ 长竹筷子

## 食材配比

粘米粉250克、生花生仁50克、黑芝麻5克、鸡蛋1个、五香粉3克、盐7克、水300毫升

## 学习技能

①称：读配方表并称量食材。

②搅拌：将所有食材倒入盆中搅拌，混合成粉浆。

③热油：锅中倒入花生油，加热至120℃，铁勺挞勺舀一勺热油后倒出，使勺底有一层薄油。

④舀：舀一勺粉浆倒入铁勺挞模具中，放入几粒花生仁。

⑤炸：入油锅静炸。

⑥脱模：在油中炸至定型后，轻轻晃动铁勺使其脱模，再炸至颜色金黄浮起后，捞出沥干油即可。

**我行我秀**

铁勺挞，一种传统的客家小吃，以其独特的制作工艺和风味深受人们喜爱，它香气诱人，轻轻一咬，香酥满口。除了质朴的原味，也可以用韭菜和米打成韭菜浆制作，别有一番风味。

## 温馨提示

1. 注意控制好粘米粉和水的配比，以免影响铁勺挞质量。
2. 注意铁勺挞舀粉浆前应先过油，防止粘连，便于脱模。

## 劳动评价

| 铁勺挞 | 教师 ||  自己 | 家长 |
|---|---|---|---|---|
|  | 前测 | 后测 |  |  |
| 1. 称量食材 |  |  |  |  |
| 2. 搅拌成糊 |  |  |  |  |
| 3. 热油 |  |  |  |  |
| 4. 炸铁勺挞 |  |  |  |  |

## 12

# 炸粄片

炸粄片，是客家特色风味小吃之一。客家粄片以农家大米为原料，经浸泡、磨浆、蒸熟、晒干等工序制作而成。锅里倒入油，油热后将粄干下入油锅，迅速膨胀成酥脆可口的粄片，炸好的粄片色泽鲜亮，片大饱满，酥脆可口，深受客家人的青睐。

**任务清单**

**基本任务　我能行**
1. 会打米浆。　　2. 会蒸粄皮。
3. 会晾晒和切粄片。　4. 会炸粄片。

炸粄片  103

**挑战任务　我尝试**

尝试用细沙炒制粄片。

**工具材料**

**大米**
用于打米浆，制作粄片

**花生油**
用于制作炸粄片

**打浆机**
用于打米浆

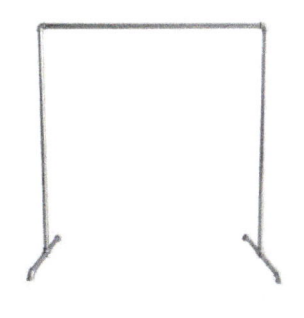

**晾架**
用于晾粄片

制作炸粄片还需要以下工具和材料。

- ☐ 水
- ☐ 筷子
- ☐ 刮板
- ☐ 剪刀
- ☐ 食盐
- ☐ 蒸碟
- ☐ 不锈钢盘
- ☐ 漏勺

## 食材配比

大米 1000 克、水 2000 克、花生油适量、食盐适量

## 学习技能

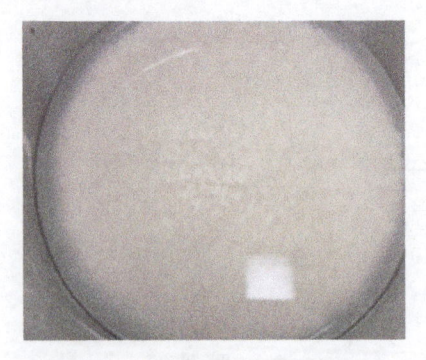

①泡：大米洗净，隔夜浸泡。　　②打浆：用打浆机打成米浆。

③蒸：蒸碟刷油，舀入适量米浆，中大火蒸3分钟，取出晾凉。

④脱模：取出粄皮，若不好脱模，可以刮板辅助。

⑤晾：将粄皮挂在晾架上晾晒。

⑥剪：粄皮晾晒至八成干时，用剪刀剪成小块。

⑦晒：剪好的粄片，放置于太阳下彻底晒干。

⑧炸：锅中倒油，油温上升至120℃，放入粄片，并用筷子翻动。

⑨捞：粄片迅速膨大浮起，用漏勺捞出控油。

⑩粄片制作完成。

## 我行我秀

客家地区一直以来都有把米浆蒸制成"粄皮"食用的习俗。为了便于储存，客家人把"粄皮"晒干，制成粄片。粄片除了炸制，还可以炒制。炒粄片的特色在于通过筛子挑选出细小的河沙，在锅里翻炒，不用任何添加剂，滋味纯正香脆、入口即化。

## 温馨提示

1. 打米浆要注意水的量，水太多粄皮易破。
2. 蒸粄皮时蒸碟要刷一层底油，有防止粘连，便于脱模的作用。
3. 粄皮晾至八成干时剪，若完全晾干，剪不动，并且会碎。
4. 炸粄片时要注意安全，不要被热油烫伤。

## 劳动评价

| 炸粄片 | 教师 ||  自己 | 家长 |
|---|---|---|---|---|
| | 前测 | 后测 | | |
| 1. 浸大米 | | | | |
| 2. 打米浆 | | | | |
| 3. 蒸粄皮 | | | | |
| 4. 晾粄片 | | | | |
| 5. 炸粄片 | | | | |

# 13

# 炸角仔

炸角仔，又叫酥角，角仔形状像"荷包""元宝"，里面塞满花生碎、芝麻、砂糖等馅料，有着家肥屋润、钱包饱涨的好意头，是客家人过年时招待客人、串门送礼的必备食品。

"开油锅"炸角仔，这不仅是为了舌尖上的酥香，更是蕴含了阖家欢乐与亲友之情。对于客家人来说，角仔已经不仅仅只是一种小吃，还是我们对年味的一种镌刻在内心的记忆。

**任务清单**

**基本任务　我能行**
1. 知道制作炸角仔的所需食材。
2. 能捏紧封口并捏出好看的花边。
3. 会炸制角仔。

炸角仔　　109

**挑战任务　我尝试**

能根据自己的口味调制馅料，独立制作角仔。

## 工具材料

**花生碎**
用于制作角仔馅料

**黑芝麻**
用于制作角仔馅料

**压模圈**
用于制作圆形角仔皮

**漏勺**
用于控油

制作炸角仔还需要以下工具和材料。

☐ 糯米粉　　☐ 粘米粉　　☐ 鸡蛋
☐ 白砂糖　　☐ 猪油　　　☐ 花生油
☐ 电子秤　　☐ 和面盆　　☐ 擀面杖
☐ 料理机　　☐ 筷子　　　☐ 调羹

### 食材配比

中筋面粉250克、糖210克（皮150克/馅65克）、花生250克、芝麻100克、鸡蛋1个、猪油45克、水70克

### 学习技能

①称：读配方表并称量食材。

②拌：将面粉、糖、猪油、鸡蛋、水倒入和面盆中用筷子搅拌均匀。

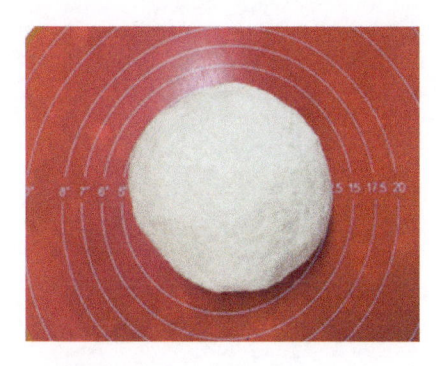

③揉：揉成光滑的面团，并静置醒面10分钟。

④擀：将面团撒干粉，擀成薄片。

⑤压：用压模圈压出圆形面片。

⑥舀：将芝麻花生馅舀入面片中。

⑦捏：捏制封口并捏出角仔花边。

⑧炸：锅中倒油，油温热至120℃炸角仔，期间不停翻动。

⑨捞：角仔炸至金黄后，用漏勺控油捞出、放凉，制作完成。

**我行我秀**

色泽金黄的炸角仔让人垂涎欲滴，一口咬下去，角皮酥脆、馅料松软、香气四溢，吃了还想吃，让人根本停不下来！

### 温馨提示

1. 捏制角仔时，要将封口捏紧，以免炸制露馅。
2. 炸角仔要注意安全，倒油前锅中一定不能有生水，以免被热油溅起烫伤。

### 劳动评价

| 炸角仔 | 教师 ||  自己 | 家长 |
|---|---|---|---|---|
|  | 前测 | 后测 |  |  |
| 1. 准备食材 |  |  |  |  |
| 2. 制作角仔皮 |  |  |  |  |
| 3. 捏制角仔 |  |  |  |  |
| 4. 炸角仔 |  |  |  |  |

# 14 芋头糕

芋头糕，是客家传统小吃，其材料有粘米粉、芋头、虾米、腊肠或腊肉。把芋头切丝，腊肠切丁、加上虾米倒入米粉浆，蒸成芋头糕，吃起来咸香有滋味。若是再用热油煎一下，表面微微焦黄，更香气四溢。做好的芋头糕可以冷冻，随吃随取，十分方便。

**任务清单**

**基本任务 我能行**

1. 知道制作芋头糕的食材。
2. 掌握食材的配比和处理、芋头擦丝的方法，制作芋头糕。

**挑战任务 我尝试**

会根据自己的喜好选择食材独立制作芋头糕并与他人分享。

## 工具材料

**香芋**

用于制作芋头糕

**腊肠**

用于增加芋头糕的风味

**十三香**

用于调味增香

**电饼铛**

用于煎芋头糕

制作芋头糕还需要以下工具和材料。

- ☐ 粘米粉
- ☐ 玉米淀粉
- ☐ 黑胡椒
- ☐ 虾仁
- ☐ 大蒜
- ☐ 花生油
- ☐ 油纸
- ☐ 蒸架
- ☐ 厨房电子秤
- ☐ 方形蒸盘
- ☐ 擦丝器
- ☐ 蒸架

## 食材配比

芋头 1400 克　粘米粉 240 克　玉米淀粉 100 克

腊肠 100 克　虾米 50 克　水 350 毫升

十三香 5 克　胡椒粉、盐（适量）

## 学习技能

①削：香芋去皮。

②蒸：腊肠、虾仁放入锅中，蒸 5 分钟。

芋头糕　117

③擦：用擦丝器把芋头擦成丝，并在芋头丝中加入适量的胡椒粉。

④切：将腊肠一分为四，再切丁。

⑤炒：腊肠切成丁，放入锅中，加入蒜蓉虾米炒香，并盛出放凉。

⑥混合面糊：将粘米粉和玉米淀粉加入适量的水混合成面糊。

⑦搅拌：将放凉的腊肠丁和虾米倒入面糊中混合，再加入适量的盐搅拌均匀。

⑧倒入：将混合好的面糊倒入芋头丝中。

⑨翻拌：戴上手套，用手由下往上翻拌均匀。

⑩压：垫上油纸，并将芋头丝放入蒸盘中整理形状、压紧实。

⑪蒸：水开后下锅，用中大火（6档）蒸制15分钟。

⑫放凉：稍微放凉、凝结后倒扣倒出，并轻轻掀开油纸。

⑬切：切成小块。

⑭煎：电饼铛开中火，倒油，将芋头糕放入电饼铛中，煎的过程中勤翻面。

⑮晾：煎制两面金黄即可出锅，出锅后放在蒸架上冷却，使芋头糕变得香脆。

## 我行我秀

芋头糕外皮酥脆里面粉糯，咬下一口满满都是芋头香。

## 温馨提示

1. 使用削皮刀和擦丝器擦丝时要注意安全。
2. 腊肠切丁前要先蒸5分钟，蒸软后易切、口感好。
3. 芋头糕蒸出锅后，要稍微放凉定型后再切。
4. 煎制芋头糕时要常翻面，不要把它煎糊。

## 劳动评价

| 炸角仔 | 教师 前测 | 教师 后测 | 自己 | 家长 |
| --- | --- | --- | --- | --- |
| 1. 擦芋头丝 | | | | |
| 2. 芋头糕调味 | | | | |
| 3. 蒸芋头糕 | | | | |
| 4. 切块 | | | | |
| 5. 煎芋头糕 | | | | |

## 15

# 九重皮

　　九重皮是河源市连平县的传统小吃，九重皮是由粉皮一薄层一薄层重叠在一起，一共九层，因此命名为九重皮，它口感乘次丰富，令人回味无穷。这是河源的老味道，是不可错过的经典美食。

**任务清单**

**基本任务　我能行**
1. 知道制作九重皮的所需食材和容器。
2. 掌握食材的配比和处理，制作九重皮。

## 挑战任务　我尝试

能根据自己喜欢的口味选择食材，独立制作美味的九重皮。

## 工具材料

**澄面**
用于调制九重皮的粉浆

**马蹄粉**
用于调制九重皮的粉浆

**圆底蒸盘**
用于蒸制九重皮

**塑料切面刀**
用于九重皮切块

制作九重皮还需要以下工具和材料。

- ☐ 粘米粉　　☐ 黑木耳　　☐ 腐竹
- ☐ 红葱头　　☐ 虾皮　　　☐ 花生油
- ☐ 蚝油　　　☐ 生抽　　　☐ 老抽
- ☐ 玉米淀粉　☐ 白砂糖　　☐ 鸡粉
- ☐ 手动打蛋器☐ 厨房电子秤☐ 量杯
- ☐ 和面盆

## 食材配比

米粉1000克、澄粉400克、马蹄粉350克、香菇60克、黑木耳60克、虾皮70克、腐竹6条、红葱头150克、水3500克

## 学习技能

①称：按比例称出食材。　　②泡：将香菇和黑木耳泡发。

③炒：将虾皮炒香，盛出备用。

④炸：将腐竹炸酥后，捞出控油。

⑤切：分别将泡好的香菇、黑木耳、洗净的红葱头切碎。

⑥捏：将晾凉的腐竹用手捏碎备用。

⑦爆：锅中放油，先倒入适量的葱头爆香。

⑧炒：将香菇木耳碎倒入炒香，最后加入适量的酱油，炒好后盛出晾凉备用。

⑨搅筛：将粘米粉、澄面、马蹄粉混合，加入清水搅拌均匀，做成粉浆，再将粉浆过筛。

⑩倒入：倒入炒香晾凉的香菇木耳碎。炒香的虾皮和炸腐竹碎分成两份，一份倒入粉浆中，一份留下作为撒料。将所有材料混合搅拌均匀。

⑪蒸：将锅中的水煮沸后即可蒸制九重皮，直径30cm的蒸盘，一次舀入汤勺一勺半的量蒸制，大火蒸至粉浆完全熟透才能蒸下一层。蒸好的九重皮从锅中取出放凉，等待冷却的时间炒制蘸料。

⑫煮：炒锅中放入较多的花生油和葱头，炒香后依次放入适量的耗油、生抽、老抽、鸡粉、白砂糖，再加入适量的清水熬煮。出锅前加入淀粉水，使蘸料更加浓稠，煮沸后即可关火盛出。

⑬撒：完全放凉的九重皮，在上面撒上虾皮和炸腐竹碎。

⑭切：用塑料切面刀将九重皮切成小块。淋上蘸料，即可享用。

## 我行我秀

软糯嫩滑的九重皮,一直都是伴随着河源人长大的小吃之一,它的味道鲜而香,令人回味无穷。

## 温馨提示

1. 炒制虾皮时锅中不用放油,直接用中小火干炒,注意铲子要多翻动,不要炒糊。
2. 炸腐竹时,油温预热要到位,要分多次将腐竹段放入油锅,不要一次性倒入,炸至金黄立即捞出控油,放凉后变脆即可捏碎。

## 劳动评价

| 九重皮 | 教师 ||  自己 | 家长 |
|---|---|---|---|---|
|  | 前测 | 后测 |  |  |
| 1. 食材初加工 |  |  |  |  |
| 2. 制作粉浆 |  |  |  |  |
| 3. 蒸九重皮 |  |  |  |  |
| 4. 切块 |  |  |  |  |
| 5. 制作料汁 |  |  |  |  |

## 16

## 仙人粄

    仙人粄又名仙草粄、草粄，是客家地区一种常见的特色小吃，用仙草熬成，呈果冻状，棕褐色，半透明，可临时充饥，又兼有饮料解渴解乏的特性。加入红糖浆的仙人粄，滑溜、柔软、清香、凉爽，实在是一道难得的美味小吃。

    仙人粄有降温解暑之功，且无受冷患寒之弊。客家人有农历入伏吃仙人粄的习俗，据说这天吃了仙人粄，整个盛夏都不会长痱子。

**任务清单**

**基本任务　我能行**

1. 知道制作仙人粄的食材和容器。
2. 掌握食材的配比和处理。
3. 制作仙人粄。

**挑战任务　我尝试**

会独立制作仙草粄并根据自己的喜好进行调味。

### 工具材料

**仙草**

用于制作仙草液

**食用碱**

用于加速仙草软烂

**木薯淀粉**

用于仙草液的勾芡

**红糖粉**

用于制作红糖浆

制作仙人粄还需要以下工具和材料。

☐ 电子秤　　　　　☐ 和面盆　☐ 勺子
☐ 煮锅　　　　　　☐ 隔渣袋　☐ 小刀

### 食材配比

仙草100克、木薯淀粉90克、食用碱10克、红糖粉500克、水6350毫升

### 学习技能

①称：读配方表并称量食材。

②清洗：将仙草洗净。

③煮：仙草锅中，加入10克食用碱和6050毫升水用中火煮50分钟。

④勾芡：用100ml水将木薯淀粉化开，将淀粉水倒入仙草液中勾芡，把仙草液再次煮沸，从冒大泡煮至冒小泡，关火。

⑤冷却：仙草液静置，放至完全冷却、凝结，并用小刀将仙人粄划成碎块。

⑥搅拌：将红糖粉放入200克冷开水中搅拌成红糖浆，并淋入仙人粄中。

**我行我秀**

经过冷却后的仙人粄呈黑色凝胶状，食用时可盛于碗中，用小刀划碎，配以蜂蜜或白糖，甘、香、韧、滑而又带有"仙草"特有的香味。既能解饥渴，又有清热驱暑、助消化等功效。

## 温馨提示

1. 干仙草沙尘较多,要注意清洗干净。
2. 熬煮仙草过程中料包要多翻转,方可煮透。
3. 仙人粄未完全凝结时,不要随意移动锅。

## 劳动评价

| 仙人粄 | 教师 ||  自己 | 家长 |
|---|---|---|---|---|
|  | 前测 | 后测 |  |  |
| 1. 清洗仙草 |  |  |  |  |
| 2. 煮仙草 |  |  |  |  |
| 3. 制作红糖浆 |  |  |  |  |
| 4. 仙人粄调味 |  |  |  |  |

# 17 客家炒米饼

客家炒米饼的制作工艺独特，传承了客家人的智慧和匠心。它以精选的粘米为主要原料，经过多道工序精心制作而成。每一块炒米饼都承载着客家人的传统与情感，是逢年过节、家庭聚会不可或缺的美食。随着时代的变迁，客家炒米饼也在不断地创新和发展，但不变的是那份对传统美食的坚持和传承。

**任务清单**

**基本任务　我能行**
1. 知道制作客家炒米饼的食材及配比。
2. 会制作客家炒米饼。

客家传统小吃

**挑战任务　我尝试**

会制作客家炒米饼并与他人分享。

## 工具材料

**粘米粉**

用于制作客家炒米饼

**麦芽糖浆**

用于制作客家炒米饼调味

**黑芝麻**

制作客家炒米饼的作料

**花生碎**

客家炒米饼的作料

客家炒米饼

**压饼模具**
用于压出饼的形状

**蒸布**
用于蒸客家炒米饼

制作炸油果还需要以下工具和材料。

- ☐ 花生油　　　　☐ 擀面杖
- ☐ 电子秤　　　　☐ 蒸笼
- ☐ 不锈钢盘

## 食材配比

粘米粉600克、花生碎120克、黑芝麻50克、花生油250克、水120克、麦芽糖浆260克

## 学习技能

①称：读配方表并称量食材。

②炒：将花生碎、黑芝麻分别在锅中炒香、将粘米粉炒至微黄。

③混合：将放凉的黑芝麻、花生碎与粘米粉混合。

④搅拌：把水倒入麦芽糖浆搅拌，稀释糖浆。

⑤搓：在粉中少量多次混入花生油和糖浆并搓均匀。

⑥按压：将米饼原料放入模具并按压紧实。

客家炒米饼　137

⑦敲：敲击模具，课用擀面杖辅助脱模。

⑧蒸：在蒸笼上垫布垫，将米饼放入蒸笼中，上锅用中火蒸10分钟。

⑨出锅后的米饼，自然风干或用烤箱烘干，制作完成。

## 我行我秀

新鲜出炉的米饼香气扑鼻，米香、糖香交融形成炒米饼独有的风味，咬一口，香甜酥脆。

**温馨提示**

1. 炒粘米粉要用小火慢炒，注意要多翻炒，以免炒糊。
2. 混入油和糖浆，要少量多次，并及时用双手搓散。
3. 粉入模具，要按压紧实，可以借助擀面杖擀压，未压紧的粉脱模后会散开。

**劳动评价**

| 客家炒米饼 | 教师 ||  自己 | 家长 |
| --- | --- | --- | --- | --- |
|  | 前测 | 后测 |  |  |
| 1. 称量食材 |  |  |  |  |
| 2. 炒制食材 |  |  |  |  |
| 3. 搓匀食材 |  |  |  |  |
| 4. 炒米饼成型 |  |  |  |  |

# 三 客家藏菜制作

# 1 腌酸萝卜

酸萝卜又称萝卜爽，是河源连平忠信的特产。酸萝卜酸爽清甜，堪称亦蔬亦果亦药之品，素有"冬吃萝卜夏吃姜，不劳医生开药方"和"十月萝卜小人参"之美誉，也是餐宴美食、居家旅游及送礼的理想选择。

**任务清单**

**基本任务　我能行**
1. 知道腌制酸萝卜需要的材料和工具。
2. 知道腌制酸萝卜的方法与步骤。
3. 能动手腌制酸萝卜。

脆酸萝卜 141

**挑战任务　我尝试**

独立腌制酸萝卜，与家人朋友品尝。

### 工具材料

**新鲜白萝卜**

用来腌制的原材料

**容器**

用来腌制的容器，也可以是其他密封性容器

**黑芝麻**

用于发酵，增加萝卜酸味

**花生碎**

用于调味

腌酸萝卜还需要以下工具和材料。

☐ 白糖　　　　☐ 削皮刀
☐ 盐　　　　　☐ 刀
☐ 盆　　　　　☐ 砧板

**学习技能**

①清洗去皮切条：准备新鲜的白萝卜，洗净去皮，切成条状放入盆中备

②粗盐腌制：放入适量粗盐，用手搓揉均匀，并腌制30分钟，随后用力挤掉腌制出的水分。

③清洗萝卜：用清水清洗腌制好的萝卜。

④调料腌制：放入适量小米椒、白糖、白醋、山泉水，搅拌均匀。

⑤装罐密封：将调制好的萝卜放入瓶内，盖上盖子密封，存放在冰箱保鲜区，封存一周左右即可食用。

## 我行我秀

酸萝卜清脆爽口，集酸、甜、辣于一体，具有提神醒脑，开胃消食、解酒通便的功效。酸萝卜不但是客家人的开胃小吃，也是客家人餐桌的美味小菜。

### 温馨提示

1. 萝卜可切成条状、片状或块状，但要均匀，片状萝卜腌制时间短，条状和块状萝卜腌制时间长。
2. 腌制的容器必须清洗干净，无生水、无油。
3. 可根据个人口味添加适量白糖、白醋、辣椒。

### 劳动评价

| 腌酸萝卜 | 教师 前测 | 教师 后测 | 自己 | 家长 |
| --- | --- | --- | --- | --- |
| 1. 清洗、刀切白萝卜 |  |  |  |  |
| 2. 粗盐腌制萝卜 |  |  |  |  |
| 3. 清洗萝卜 |  |  |  |  |
| 4. 调料腌制酸萝卜 |  |  |  |  |
| 5. 密封容器 |  |  |  |  |

## 2 腌咸菜

咸菜，也称酸菜，一道有着千年手工加工历史的美食，是客家人家中必备的家常菜。客家咸菜色泽金黄，酸味自然淳朴，生津开胃，是款待客人、居家旅行、馈赠亲友之佳品。

**任务清单**

**基本任务　我能行**

1. 知道腌制咸菜需要的材料和工具。
2. 知道腌制咸菜的方法与步骤。
3. 能自己动手腌制咸菜。

## 挑战任务　我尝试

我想腌一坛咸菜，为家人做几道美味的菜肴。

## 工具材料

**新鲜芥菜**

用来腌咸菜的原材料

**容器**

用来腌制的容器，也可以是其他密封性容器

**粗盐**

粗盐搓揉芥菜，可去除水分，使芥菜变得柔软

**压菜石**

用来压实咸菜，让咸菜不留缝隙

腌制咸菜还需要以下工具和材料。

☐ 稻草　　　　　　☐ 晾菜杆
☐ 盆

**学习技能**

①清洗晾晒：准备新鲜的芥菜，清洗干净，沥干水，晾晒至半干。

②粗盐揉搓：用粗盐揉搓芥菜，直至芥菜变软。

③装坛压实：将揉搓好的芥菜放进干净坛罐，压严实，不留缝隙，用干净稻草盖住坛罐颈口，用压菜石压实。

④密封存放：盖上盖子密封，让其发酵15天后即可取出。

### 我行我秀

　　客家咸菜即是美味小菜，又是上好配菜，能和各种肉类烹饪出味道独特的菜肴，如咸菜扣肉、咸菜炒五花肉，咸菜炒猪肠等，是客家人款待客人的餐桌美食。

### 温馨提示

1. 每一根芥菜都要用粗盐搓均匀，直至变软。
2. 腌制的容器必须清洗干净，无菌无水，密封存放。
3. 烹饪咸菜可根据个人口味添加适量辣椒、大蒜等。

## 劳动评价

| 腌咸菜 | 教师 ||  自己 | 家长 |
|---|---|---|---|---|
| | 前测 | 后测 | | |
| 1. 清洗、晾晒芥菜 | | | | |
| 2. 粗盐揉搓芥菜 | | | | |
| 3. 芥菜入坛压实 | | | | |
| 4. 密封存放 | | | | |

# 3 腌蒜头

蒜头是一种常见的调味菜，不仅能为菜肴增添独特的香气，还具有丰富的营养价值，被誉为"天然的抗生素"，而腌蒜头更是一种美味的小菜。民间传统的腌蒜头方法多样，有黄酒腌蒜头，有腌糖醋蒜头，还有蜂蜜腌蒜头、酱油腌蒜头等，每一种都有其独特的口味和功效。

**任务清单**

**基本任务　我能行**

1. 知道腌制蒜头需要的材料和工具。
2. 知道腌制蒜头的方法与步骤。
3. 能动手腌制蒜头。

## 挑战任务　我尝试

我想腌一瓶蒜头，与家人朋友品尝。

### 工具材料

**新鲜蒜头**

用来腌制蒜头的原材料

**容器**

用来腌制蒜头的容器，也可以是其他密封性容器

**客家黄酒**

黄酒具有驱寒温补功效，使腌蒜头更加香甜

**盐**

盐不但能杀菌消毒，且能增加腌蒜头的味道

腌蒜头还需要以下工具和材料。

☐ 辣椒　　　　　　　　☐ 刀和砧板

### 学习技能

①去皮清洗：大蒜去皮、去蒂，清洗干净。

②盐水浸泡：处理好的大蒜用盐水浸泡12小时，沥干水分后备用。

③加调料腌制：将处理好的大蒜放入容器，倒入黄酒浸满蒜头，加入适量盐。

④密封放置：盖上盖子密封，存放阴凉处，封存10天左右即可食用。

## 我行我秀

初夏时节是腌蒜头的好时机，大家可根据自己的喜好腌制不同口味的大蒜，腌制出来的大蒜清脆爽口，开胃解腻。

## 温馨提示

1. 剥大蒜皮，先将头尾切掉，更容易将皮剥掉。
2. 腌制前用盐水浸泡能去除大蒜的辣味和涩味。
3. 腌制的客家黄酒最好是陈年黄酒。

## 劳动评价

| 腌蒜头 | 教师 ||  自己 | 家长 |
|---|---|---|---|---|
| | 前测 | 后测 | | |
| 1. 大蒜去皮洗净 | | | | |
| 2. 盐水浸泡大蒜 | | | | |
| 3. 腌制大蒜 | | | | |
| 4. 密封容器 | | | | |

# 4 腌酸豆角

酸豆角是以豆角为主要食材制作而成的腌菜,是一道很有特色的客家腌菜。酸豆角味道酸爽又脆嫩,可以帮助消化,增进食欲,既可以单独食用,又是上好的配菜。

**任务清单**

**基本任务　我能行**

1. 知道腌制酸豆角需要的材料和工具。
2. 知道腌酸豆角的方法与步骤。
3. 能自己动手腌制酸豆角。

## 挑战任务　我尝试

我想腌一坛酸豆角，做一道美味的酸豆角炒肉丁给家人吃。

### 工具材料

**豆角**

腌制的原材料

**容器**

用来腌制酸豆角的容器，也可以是其他密封性容器

**高度白酒**

可帮助发酵，抑制细菌生长，增加香味

**食盐**

有杀菌作用，增加豆角的酸度

腌酸豆角还需要以下工具和材料。

- ☐ 白醋
- ☐ 辣椒
- ☐ 蒜头
- ☐ 水
- ☐ 糖

## 学习技能

①清洗晾干：准备新鲜的豆角，清洗干净，沥干水，晾成半干。

②清洗容器：准备无水、无油的干净泡菜坛子或其他容器。

③装坛腌制：将豆角盘起装入泡菜坛子，压实，放入适量盐、辣椒，倒入高度白酒并没过豆角，用压菜石压实。

④密封存放：盖上盖子密封，存放在阴凉通风处，封存7天左右即可食用。

### 我行我秀

腌好的酸豆角口感脆嫩，酸爽开胃。它的吃法有很多，可以做包子馅料，也可以用来炒肉末、猪肚、鸡杂等，搭配白粥、面条都非常开胃。

### 温馨提示

1. 新鲜豆角必须沥干水分，晾成半干，不能占到生水和油。
2. 腌制的容器必须清洗干净，无生水、无油。
3. 腌制后，必须将容器密封，放在阴凉通风的地方保存。

## 劳动评价

| 腌酸豆角 | 教师 ||  自己 | 家长 |
|---|---|---|---|---|
|  | 前测 | 后测 |  |  |
| 1. 清洗、晾晒豆角 |  |  |  |  |
| 2. 清洗容器 |  |  |  |  |
| 3. 腌制豆角 |  |  |  |  |
| 4. 密封容器 |  |  |  |  |

## 5

# 制作辣椒酱

辣椒酱是以辣椒为主要原料制作成的酱料，是人们餐桌上常见的调味料，分为油制和水制两种。油制辣椒酱是用芝麻油和辣椒制成，颜色鲜红，上面浮着一层芝麻油，容易保管；水制是用水和辣椒制成，颜色鲜红，不易保管。

**任务清单**

**基本任务　我能行**

1. 知道制作辣椒酱需要的材料和工具。
2. 知道制作辣椒酱的方法与步骤。
3. 能动手制作辣椒酱。

制作辣椒酱　　161

**挑战任务　我尝试**

我能独立制作辣椒酱。

**工具材料**

**辣椒**

制作辣椒酱的原材料

**蒜头**

用来提鲜增味

**高度白酒**

可帮助杀菌，延长辣椒酱的保存期

**食盐**

用于调味

制作辣椒酱还需要以下工具和材料。

☐ 花生油　　　　　　　☐ 生抽
☐ 蚝油　　　　　　　　☐ 糖

## 学习技能

①剥外衣：将蒜头剥掉外衣。

②清洗晾干：将蒜头和辣椒分别清洗干净，晾干水分。

③打碎蒜头辣椒：将蒜头、辣椒分别打碎。

④翻炒蒜蓉：冷锅中倒入油，再倒入蒜蓉大火翻炒约3分钟直至出香味，转中火翻炒1分钟。

⑤调料翻炒：倒入辣椒碎与蒜蓉一起翻炒约3分钟，炒干水分。加入糖、盐、耗油、生抽等调味料，再继续翻炒约3分钟。

⑥装瓶密封：放凉装瓶，盖上盖子，密封存放在阴凉处。

## 我行我秀

制作好的辣椒酱在吃面的时候放一点儿，做菜的时候调一勺，香辣又开胃。

## 温馨提示

1. 注意辣酱椒的保质期。
2. 蒜头跟辣椒的比例：蒜头多一点儿会比较香。
3. 瓶子提前消毒晾干不要有水分。

## 劳动评价

| 辣椒酱 | 教师 ||  自己 | 家长 |
| --- | --- | --- | --- | --- |
|  | 前测 | 后测 |  |  |
| 1. 剥掉外衣 |  |  |  |  |
| 2. 清洗晾晒辣椒 |  |  |  |  |
| 3. 蒜头、辣椒打碎 |  |  |  |  |
| 4. 中火翻炒蒜蓉 |  |  |  |  |
| 5. 炒干水分 |  |  |  |  |
| 6. 密封容器 |  |  |  |  |

# 6 制作牛肉酱

牛肉酱是一种以牛肉为主要原材料的调味品。味道香醇，是百姓家庭餐桌上不可或缺的调料，也可以直接食用。

## 任务清单

**基本任务　我能行**
1. 知道做牛肉酱需要的材料和工具。
2. 知道制作牛肉酱的方法与步骤。
3. 能自己动手做牛肉酱。

**挑战任务　我尝试**
我会做美味的牛肉酱和亲人朋友分享。

## 工具材料

**牛肉**
制作牛肉酱的原材料

**香料**
用于去除牛肉腥味，增加香味

**花生**
用于丰富牛肉酱口感和香味

**容器**
用来存放牛肉酱的容器

牛肉酱还需要以下工具与材料。

☐ 豆瓣酱　　☐ 姜
☐ 盐　　　　☐ 糖
☐ 蒜头

## 学习技能

①炒花生：把花生炒熟，然后放凉，再脱掉花生衣，碾碎备用。

②切牛肉：把新鲜牛肉清洗干净后沥干水分，然后再切粒。

③炸香油：起锅烧油，把八角、香叶、桂皮、花椒、洋葱、葱等香料下锅爆香，关火捞出香料。

④炸牛肉：牛肉粒下油锅炸好捞起备用。

⑤放配料：姜末、蒜末、辣椒末、牛肉粒、花生、下锅小火慢熬30至40分钟。

⑥放调味料：放入适量盐、糖、豆瓣酱，调味搅拌，关火。

⑦装容器：放凉的牛肉酱盛入容器。

**我行我秀**

牛肉酱有原味，有微辣。它可以拌饭、拌面条，是很好的下饭神器。

## 温馨提示

1. 牛肉粒必须外表无水，防止溅起热油被烫伤。
2. 香料炸香后及时捞出，防止炸胡。
3. 牛肉酱放在阴凉通风的地方保存，也可放入冰箱冷藏。

## 劳动评价

| 牛肉酱 | 教师 | | 自己 | 家长 |
| --- | --- | --- | --- | --- |
| | 前测 | 后测 | | |
| 1. 炒花生 | | | | |
| 2. 切牛肉 | | | | |
| 3. 炸香油 | | | | |
| 4. 炸牛肉 | | | | |
| 5. 放配料 | | | | |
| 6. 放调味料 | | | | |
| 7. 装容器 | | | | |

# 7 制作腊猪肉

腊猪肉是客家传统美食的代表之一，是客家人新年餐桌上常见的特色菜肴。腊猪肉通常选取肥瘦相间的腩肉，在农历腊月进行腌制、晾晒。腊猪肉的方法大同小异，但每个村子也会有其独特的腊制秘方，其出品味道也不同。腊猪肉可以根据个人喜好炒或者蒸煮食用，香味浓郁。

**任务清单**

**基本任务 我能行**
1. 会挑选新鲜优质的猪肉。
2. 知道腊制猪肉的调料和工具。
3. 知道腊制猪肉的方法与步骤。

制作腊猪肉　　171

### 挑战任务　我尝试
腊月到了，我要腊制猪肉招待客人。

## 工具材料

**猪腩肉**

腊制猪肉的原材料

**白酒**

用于去腥、杀菌、增香

**盐**

用于调味、防腐、增香

腊猪肉还需要以下工具和材料。

☐ 陶瓷坛子　　　　☐ 五香粉
☐ 生抽　　　　　　☐ 白糖

## 学习技能

①选肉：选取半肥半瘦的猪腩肉。

②腌制：先用52度白酒均匀涂抹，以500:30克比例的盐均匀搓揉猪肉，然后放入坛中密封腌制4至5天，其间要翻面腌制。

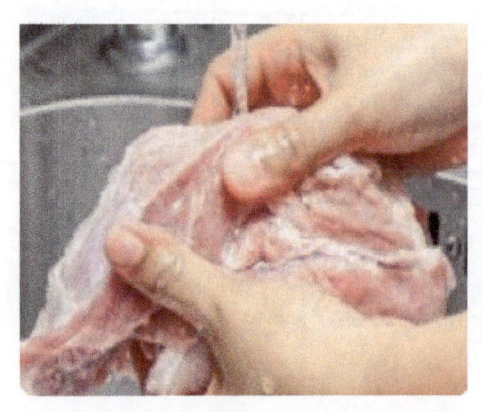

③清洗：腌制后的猪肉用热水清洗干净。

④晾晒：在风高艳阳的日子，将猪肉挂起晾晒1周左右，直至腊制成熟。

### 我行我秀

腊猪肉常见的有原味、五香味和广式腊肉，腌制好的腊肉通过蒸、炒、煮、炖等可烹饪出咸香醇厚的美食，令人回味无穷。

### 温馨提示

1. 猪肉腌制前要晾干水分，确保表面无水，否则容易发霉。
2. 猪肉腌制过程中要翻面，确保每一块猪肉都要腌制均匀。
3. 腊好的猪肉可装入食品保鲜袋或真空密封放入冰箱冷冻保存，以延长保质期。

## 劳动评价

| 腊猪肉 | 教师 前测 | 教师 后测 | 自己 | 家长 |
| --- | --- | --- | --- | --- |
| 1. 选猪肉 | | | | |
| 2. 腌制猪肉 | | | | |
| 3. 清洗猪肉 | | | | |
| 4. 晾晒猪肉 | | | | |

# 8

## 制作腊肠

客家腊肠是迎接新年的一种仪式，是以新鲜猪肉为主料，加入食盐、白酒、白糖等辅料，经腌制、灌肠、晾晒等手工艺制成的半干性生肉制品，具有酒与肉共同发酵后产生的醇香。客家腊肠色泽光润、肉色枣红、风味独特，是款待宾客的美味佳肴。

**任务清单**

**基本任务 我能行**
1. 知道如何选取新鲜优质的猪肉。
2. 知道制作腊肠需要的材料和工具。
3. 熟记制作腊肠的方法与步骤。
4. 能自己动手制作腊肠。

## 挑战任务　我尝试

快过年了，我和家人一起制作腊肠。

### 工具材料

**猪肉**
制作腊肠的原材料

**猪肠衣**
制作腊肠的原材料

**搅肉机**
用于搅拌猪肉

**绳子**
用于将腊肠绑成小段

制作腊肠还需要以下工具和材料。

☐ 晾晒杆　　　☐ 生抽　　　☐ 盐
☐ 糖　　　　　☐ 牙签　　　☐ 手套

## 学习技能

①猪肉清洗晾干：选取新鲜的三肥七瘦的猪肉，用温水清洗干净，晾干。

②猪肉切块绞碎：将猪肉切块，肥瘦分开，用绞肉机分别绞成颗粒状。

③腌制猪肉：绞好的瘦肉里放入适量盐，反复揉搓，再加入绞好的肥肉，搅拌均匀，加入适量白酒、白糖、生抽，搅拌均匀后冷藏腌制2个小时。

④处理猪肠衣：准备猪肠衣，用冷水清洗干净后用冷水浸泡，加入白酒去腥。

⑤灌肠封口：将浸泡好的猪肠衣套住灌肠器出口，将腌制好的肉塞入灌肠器，不断挤出塞入猪肠衣直至八分满，头尾打结封口。

⑥扎段晾晒：灌好的肉肠用牙签插孔排气，中间用绳子扎线分段，将扎好的肉肠晾晒在通风处，1至2个星期即可腊干食用。

### 我行我秀

　　客家腊肠可以根据自己喜欢的口味腊制，有原味的，有咸香味的，还有麻辣味等不同口味。客家腊肠色、香、味俱全，炒、蒸、烤俱佳，熟制后食用，醇厚浓郁，回味绵长，越嚼越香。

### 温馨提示

1. 选取新鲜的前腿猪肉，口感更佳。
2. 晾晒过程中防止沾水、受潮，以免发霉。
3. 可根据各人口味加入辣椒、五香粉等佐料进行腌制。
4. 晾晒的时间长短根据腊肠的风干程度来判断。

## 劳动评价

| 制作腊肠 | 教师 ||  自己 | 家长 |
|---|---|---|---|---|
| | 前测 | 后测 | | |
| 1. 选取猪肉 | | | | |
| 2. 猪肉切块绞碎 | | | | |
| 3. 腌制猪肉 | | | | |
| 4. 处理猪肠衣 | | | | |
| 5. 猪肉灌肠封口 | | | | |
| 6. 扎段晾晒 | | | | |

# 9 制作腊鱼

广东河源有着丰富、优质的水资源，鲜嫩美味的鱼自然受到人们的青睐。腊鱼，是选用新鲜的草鱼、青鱼、花白鲢等鱼，经过腌制、晾晒等传统工艺制作而成，是广东传统水产加工保藏食品之一。腊鱼营养丰富，香味浓郁，肉质紧实，具有独特的风味。

**任务清单**

### 基本任务　我能行
1. 会挑选新鲜优质的鱼。
2. 知道腌制腊鱼的调料和工具。
3. 知道腌制腊鱼的方法与步骤。

制作腊鱼　181

**挑战任务　我尝试**

腊月到了，我要腌制几条不同口味的腊鱼。

## 工具材料

**鱼**

制作腊鱼的原材料

**白酒**

用于去腥、杀菌、增香

**生姜**

用于去腥、增香

**盐**

用来杀菌防腐，增香提鲜

腌制腊鱼还需要以下工具和材料。

☐ 陶瓷坛子　　☐ 五香粉　　☐ 生抽
☐ 白糖　　　　☐ 竹签　　　☐ 绳子

## 学习技能

①清洗：选取新鲜的鱼，从背部剖开，将鱼鳞、内脏等处理干净，清洗干净，晾干水分。

②腌制：放入适量姜丝、高度白酒、盐、生抽等调料，均匀涂擦，腌制24小时，直至充分入味。

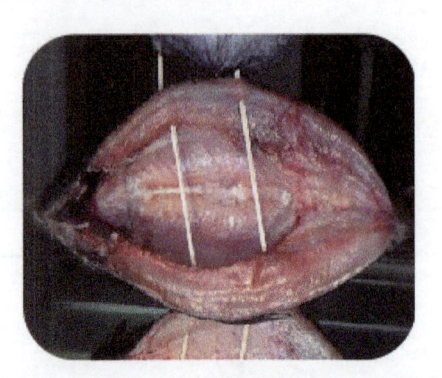

③撑开：用竹签撑开鱼肚子，用绳子系住鱼头。

④晾晒：在风高艳阳的日子，将鱼挂起晾晒7至15天，直至风干。

## 我行我秀

腊鱼常见的有原味、五香味和香辣味等，在腌制过程中，人们会使用各种调料和香料，以确保鱼肉的口感和风味，腊鱼口感鲜美，是一种非常受欢迎的腌制食品。

## 温馨提示

1. 新鲜的鱼要将鱼内脏和鱼肚黑膜处理干净，减少腥味。
2. 腌制鱼肉时要将水分晾干，预防发霉。
3. 腊鱼要根据天气温度灵活观察判断晾晒的时间。

## 劳动评价

| 腌制腊鱼 | 教师 ||  自己 | 家长 |
|---|---|---|---|---|
| | 前测 | 后测 | | |
| 1. 清洗鱼 | | | | |
| 2. 腌制鱼 | | | | |
| 3. 撑开鱼 | | | | |
| 4. 晾晒鱼 | | | | |

# 10

# 制作萝卜干

萝卜干，客家人称它为"菜脯"，自明初以来享有盛名，南迁的客家人发现萝卜具有雪白、鲜嫩、清脆、甘甜等特点，便经过切块或切丝、晾晒、腌藏等工序制作成萝卜干。萝卜干不仅可以烹调出各种美味的菜肴，还具有清热生津、化痰止咳等功效，享有"小人参"之美名。

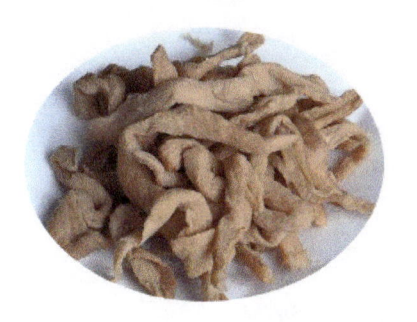

**任务清单**

**基本任务　我能行**

1. 会挑选新鲜优质的白萝卜。
2. 知道制作萝卜干的材料和工具。
3. 知道制作萝卜干的方法与步骤。

客家藏菜制作

**挑战任务　我尝试**

妈妈买了很多新鲜白萝卜，我要制作一些萝卜干给大家吃。

## 工具材料

**白萝卜**
制作萝卜干的原材料

**粗盐**
用于杀菌、腌制、调味

**菜坛子**
用于腌制萝卜

**晾晒篮子**
用于杀菌、腌制、调味

制作萝卜干还可以需要以下工具与材料。

☐ 白糖　　　　　　☐ 手套
☐ 刀　　　　　　　☐ 砧板

## 学习技能

①清洗切片：选取新鲜的白萝卜，清洗干净，切成约1厘米厚的萝卜片，晾干水分。

②第一次腌制晾晒：晾干的萝卜放入菜坛子，加入适量粗盐，反复揉搓，腌制一晚，第二天将萝卜拿出晾晒，把腌制出来的水倒掉。

③第二次腌制晾晒：将晾晒的萝卜再次放入适量粗盐，反复揉搓，腌制1晚，第二天将萝卜拿出继续晾晒。

④第三次腌制晾晒：将晾晒的萝卜第三次放入适量粗盐，反复揉搓，腌制一晚，第二天将萝卜拿出继续晾晒，直至晒干。

### 我行我秀

萝卜可切成片状、条状制作成萝卜干，也可切成丝制作成萝卜丝。做好的萝卜干鲜甜爽脆，耐保存，一年四季皆可吃，可清炒送白粥，也可搭配肉类做出各种客家菜肴。

### 温馨提示

1. 切勿选择花心的白萝卜，要选择实心的新鲜萝卜。
2. 在腌制晾晒过程中，萝卜不能沾到生水，以免变质发霉。
3. 晾晒要将水分晒干，直至萝卜变成褐色。

## 劳动评价

| 制作萝卜干 | 教师 ||  自己 | 家长 |
| --- | --- | --- | --- | --- |
|  | 前测 | 后测 |  |  |
| 1. 清洗切片 |  |  |  |  |
| 2. 第一次腌制晾晒 |  |  |  |  |
| 3. 第二次腌制晾晒 |  |  |  |  |
| 4. 第三次腌制晾晒 |  |  |  |  |

## 11 制作客家梅菜干

客家梅菜干是享誉海内外的一种客家乡土菜，一般选用芥菜经过腌制晾晒而成。客家梅菜干色泽金黄、清香扑鼻，具有久蒸不烂、易保存等特点，保持着客家人最朴素最真实的味道。

**任务清单**

**基本任务 我能行**
1. 知道制作梅菜干的材料和工具。
2. 知道制作梅菜干的方法与步骤。

制作客家梅菜干　191

**挑战任务　我尝试**

我奶奶很喜欢吃梅菜干，我要制作一些梅菜干给奶奶吃。

## 工具材料

**芥菜**

制作梅菜干的原材料

**盐**

用来腌梅菜干

制作梅菜干还需要以下工具和材料。

□ 腌菜坛

## 学习技能

①清洗晾晒：选取新鲜的整棵芥菜，清洗干净，晾晒至半干。

②擦盐腌制：用细盐揉搓半干芥菜，并均匀揉搓，完成后将芥菜放入腌菜坛，腌制4至5天。

③二次擦盐：将腌制的芥菜再加入大量细盐，均匀揉搓并裹满芥菜。

④晾晒梅菜干：将裹满细盐的芥菜晾晒，直至晒干后密封保存。

### 我行我秀

客家梅菜干是客家餐桌上一道美味佳肴的菜品，梅菜筒骨汤、梅菜扣肉、梅菜干煲等，甘香解腻，深受人们喜爱。

### 温馨提示

1. 梅菜干一定要用大量的盐腌制，香味才更浓郁。
2. 梅菜干晾晒过程中不能晾晒中断或沾到生水，以免变质发霉。
3. 晾晒好的梅菜干要密封保存。

## 劳动评价

| 梅菜干 | 教师 ||  自己 | 家长 |
|---|---|---|---|---|
|  | 前测 | 后测 |  |  |
| 1. 清洗晾晒 |  |  |  |  |
| 2. 擦盐腌制 |  |  |  |  |
| 3. 二次擦盐 |  |  |  |  |
| 4. 晾晒梅菜干 |  |  |  |  |

# 四 客家豆制品

# 1

## 山水豆腐脑

在客家地区，勤劳的人们习惯去山里装载清甜可口的山泉水，用这种山泉水制作而成的豆腐脑，便是我们客家人独有的"山水豆腐脑"。

**任务清单**

**基本任务　我能行**

1. 正确使用制作豆腐脑的工具。
2. 懂得黄豆、水、内酯的比例。

山水豆腐脑

**挑战任务　我尝试**

根据自己或家人的喜好调制出一份美味的豆腐脑。

## 工具材料

**黄豆**

做豆腐脑的原材料

**磨浆机**

用于打磨黄豆

**内酯**

用于凝固豆浆

**糖**

用于调制豆腐脑

制作山水豆腐脑还需要以下工具和材料。

☐ 过滤布　　　　　☐ 铁锅
☐ 勺子　　　　　　☐ 电子秤
☐ 量杯　　　　　　☐ 过滤勺

## 学习技能

①浸：黄豆浸泡6~8小时。

②泡：把泡发的黄豆用清水洗干净，去掉外壳。

③磨：把黄豆放入磨浆机，依次加入适量水，磨3到4遍。

④滤：黄豆打磨好后用过滤布过滤，把豆渣挤干。

⑤煮：把过滤好的豆浆煮沸，沸腾2至3分钟后关火，冷却至80℃。

⑥溶：根据干黄豆、水、内酯5:35:0.1的比例，称好内酯，再用少许温水溶解内酯。

⑦冲：把80℃的豆浆冲开溶解好的内酯，盖上盖子，静置15至20分钟。

⑧调：根据个人喜好放佐料，调制豆腐脑。

## 我行我秀

豆腐脑的营养价值高，富含丰富的蛋白质，口感鲜嫩，是传统的客家小吃。

## 温馨提示

1. 使用磨浆机时要注意安全,手湿不可使用插头,手不可伸入机子里面。
2. 注意内酯与豆浆的配比。

## 劳动评价

| 山水豆腐脑 | 教师 ||  自己 | 家长 |
| --- | --- | --- | --- | --- |
|  | 前测 | 后测 |  |  |
| 1. 泡豆 |  |  |  |  |
| 2. 磨豆 |  |  |  |  |
| 3. 过滤豆浆 |  |  |  |  |
| 4. 煮浆 |  |  |  |  |
| 3. 按比例放内酯 |  |  |  |  |
| 4. 调制豆腐脑 |  |  |  |  |

# 2

## 车田豆腐

豆腐作为中国的传统食物，在广东河源龙川县已有上千年的制作和食用历史。民间盛传："豆腐好吃数岭南，岭南豆腐看东江，东江豆腐数车田。"车田豆腐豆香扑鼻，口感细腻，清淡中暗藏鲜美，被列入市级非物质文化遗产。

**任务清单**

**基本任务　我能行**

1. 正确使用磨浆机。
2. 熟悉制作车田豆腐的程序。

### 挑战任务　我尝试

独立制作一份石膏豆腐或一份盐卤豆腐。

## 工具材料

**黄豆**

做豆腐的原材料

**磨浆机**

用于打磨黄豆

**食用石膏**

食用石膏

**豆腐模具筐**

用于定型

车田豆腐还需要以下工具和材料。

- ☐ 过滤布
- ☐ 水桶
- ☐ 温度计
- ☐ 铁锅
- ☐ 豆腐袋
- ☐ 小刀
- ☐ 勺子
- ☐ 电子秤

## 学习技能

①浸泡：将黄豆清洗干净，洗掉杂质，浸泡6~8小时，去壳。

②磨浆：将浸泡的黄豆进行磨浆。

③煮浆：用纱布袋把豆渣过滤出来，然后用文火把浆煮沸3~5分钟，直到把豆浆煮透。

④冷却：将煮好的豆浆倒入锅里，等待冷却至80℃左右。

⑤点盐卤：将卤水缓慢滴入缸中，同时拿着长勺轻轻搅拌均匀。

⑥定型：点完盐卤后，用20cm见方的白纱布包裹到格子中进行定型。

⑦炙烤：豆腐成型后，涂上茶油，而后放在竹屉上用炭火炙烤，来回翻转，待豆腐两面成微黄，即可出炉。

**我行我秀**

车田豆腐分为石膏豆腐和盐卤两种。车田豆腐具有皮金黄酥韧，豆香扑鼻，嫩滑可口，清淡鲜美的特点。

## 温馨提示

1. 煮浆时，防止粘锅烧焦。
2. 豆腐花上格后，要压实，不能移动。

## 劳动评价

| 车田豆腐 | 教师 前测 | 教师 后测 | 自己 | 家长 |
|---|---|---|---|---|
| 1. 泡豆 |  |  |  |  |
| 2. 磨浆 |  |  |  |  |
| 3. 煮浆 |  |  |  |  |
| 4. 冷却 |  |  |  |  |
| 5. 点盐卤 |  |  |  |  |
| 6. 定型 |  |  |  |  |
| 7. 炙烤 |  |  |  |  |

# 3

# 佗城豆腐丸

佗城豆腐丸是客家"酿"食文化中最具特色的佳肴之一，其制作技艺已被列入河源市非物质文化遗产。佗城豆腐丸讲究的是后期加工，也就是"酿"。做好馅料是最为关键的一个环节，以优质的猪肉和新鲜的草鱼为主料，这是佗城豆腐丸的特色所在。

**任务清单**

**基本任务　我能行**

1. 制作豆腐丸的馅料。
2. 掌握酿豆腐丸的技艺。

佗城豆腐丸　　207

**挑战任务　我尝试**

根据自己或家人的喜好选取馅料，酿出一份美味的豆腐丸。

## 工具材料

**油豆腐**
做豆腐丸的原材料

**馅料**
用于酿油豆腐

**萝卜条**
用于调制味道

**蒸锅**
用于蒸制豆腐丸

制作佗城豆腐丸还需要以下工具和材料。

☐ 油　　　　　☐ 猪肉
☐ 鱼肉　　　　☐ 萝卜
☐ 胡椒粉　　　☐ 刀

## 学习技能

①炸：将做好的豆腐块切成小块，放入油锅炸。

②打：将猪肉及鱼肉用刀背打成肉糕。

③搅：将肉糕配上细条萝卜，加入盐、胡椒、少许生粉等调料进行搅拌。

④包：将炸好的豆腐皮包上馅料，卷成圆筒状。

⑤蒸：放入蒸柜中蒸上20分钟左右，即可出炉。

### 我行我秀

烹制佗城豆腐丸时在砂锅底放少许萝卜，将豆腐丸放进去，加入调料煮熟即可食用。对于客家人来说，一锅热气腾腾的豆腐丸就是家的味道。

## 温馨提示

1. 酿豆腐丸时，要酿饱满美观，口要粘合。
2. 馅料调味要咸淡适宜。

## 劳动评价

| 佗城豆腐丸 | 教师 ||  自己 | 家长 |
| --- | --- | --- | --- | --- |
|  | 前测 | 后测 |  |  |
| 1. 炸豆腐块 |  |  |  |  |
| 2. 打肉糕 |  |  |  |  |
| 3. 配调料 |  |  |  |  |
| 4. 包馅料 |  |  |  |  |
| 5. 蒸豆腐丸 |  |  |  |  |

# 4 豆腐渣饼

豆腐渣饼是流行于客家地区的一种小菜，人们喜欢用它配酒和粥饭。由于旧时穷人食不果腹，生活艰难，为了避免浪费食物，而制作豆腐渣饼。

**任务清单**

**基本任务　我能行**
1. 会揉面，会煎豆渣饼。
2. 掌握豆腐渣饼的制作过程。

**挑战任务　我尝试**
用豆渣搭配不同食材，制作不同口味的豆渣饼。

## 工具材料

**豆渣**
制作豆渣饼的原材料

**面粉**
用于做制作配料

**鸡蛋**
用于做配料

**糖**
用于做调味料

做豆腐渣饼还需要以下工具和材料：

- ☐ 温水
- ☐ 盐
- ☐ 酵母粉
- ☐ 电平锅
- ☐ 天平称
- ☐ 芝麻

## 学习技能

①混：将豆渣和面粉混合，把酵母粉、白糖、盐溶解在温水里。

②揉：将溶解好的酵母水倒入豆渣粉里面，揉成团，再封上保鲜膜醒发半小时。

③擀：醒发好的面团再进行揉面排气，分成面剂子，揉光滑后擀成圆饼。

④醒：圆饼喷上水后两面沾上少许的白芝麻，用湿布盖住进行二次醒发10分钟左右。

⑤煎：电饼铛预热后加入少许油，将擀好的圆饼放入饼铛里煎至两面金黄即可。

**我行我秀**

豆渣饼是客家人传统民间食品，用磨完豆浆剩下的渣底，与鸡蛋面粉混合做成的饼状食品。

**温馨提示**

煎饼时要注意安全，以防烫伤。

## 劳动评价

| 豆腐渣饼 | 教师 ||  自己 | 家长 |
|---|---|---|---|---|
|  | 前测 | 后测 |  |  |
| 1. 配比食材 |  |  |  |  |
| 2. 揉面 |  |  |  |  |
| 3. 擀面饼 |  |  |  |  |
| 4. 煎豆渣饼 |  |  |  |  |

## 5

## 贝墩腐竹

贝墩腐竹,香飘六百余载,历史悠久,远近闻名,是一种客家人传统豆制食品,具有浓郁的豆香味。同时,腐竹还有着其他豆制品所不具备的独特口感。腐竹色泽黄白,油光透亮,含有丰富的蛋白质及多种营养成分。因此,腐竹成为了客家人餐桌上常见的菜肴。

## 任务清单

**基本任务　我能行**
1. 认识制作腐竹的工具和材料。
2. 熟悉腐竹的制作过程。

**挑战任务　我尝试**
独立完成腐竹的制作。

## 工具材料

**黄豆**
做腐竹的原材料

**磨浆机**
用于打磨黄豆

**平锅**
用于煮豆浆

**竹杆**
用于掠腐竹

贝墩腐竹还需要以下工具和材料：

☐ 过滤布　　　　　☐ 平锅
☐ 竹杆　　　　　　☐ 天平秤
☐ 烘干机　　　　　☐ 密封袋

## 学习技能

①泡：黄豆浸泡6~8小时。

②去皮：把泡发的黄豆去皮用清水洗干净。

③磨：把黄豆放到磨浆机里，加适量的水，打2到3遍。

④拉皮：过滤豆浆，豆浆煮至75度到80度恒温，静置15至25分钟后，感知豆皮的厚度，然后用刮刀沿豆皮边沿刮一刀，一提一拉，晾在竹杆上。

⑤晒：定型后晒干。

⑥装：待腐竹晒干后，进行包装。

## 我行我秀

腐竹是一种由大豆蛋白膜和脂肪组合成的一定结构产物。腐竹具有营养价值高、易于保存、食用方便的特点。因此，腐竹深受客家人的青睐。

**温馨提示**

拉皮时要注意安全,以防烫伤。

豆浆保持75度到80度,不能煮开。

**劳动评价**

| 贝墩腐竹 | 教师 ||  自己 | 家长 |
|---|---|---|---|---|
| | 前测 | 后测 | | |
| 1. 泡豆去皮 | | | | |
| 2. 煮浆 | | | | |
| 3. 拉皮 | | | | |
| 4. 腐竹包装 | | | | |

# 五　客家菜肴

# 1

# 客家酿豆腐

客家酿豆腐也称为肉末酿豆腐、东江酿豆腐，是客家名菜之一。客家先民因为岭南地区盛产大米，小麦产量低，面粉很少，酿豆腐则成为替代饺子的食物了。通常将油炸豆腐或白豆腐切成小块，在每小块豆腐中央挖一个小洞，把香菇、碎肉、葱蒜等佐料填补进去，然后用砂锅小火长时间煮，食用时再配味精、胡椒等调料即可。客家酿豆腐成菜后集软、韧、嫩、滑、鲜、香于一身，呈浅金黄色，豆腐的鲜嫩滑润，肉馅的美味可口，再加上汤汁的浓郁醇厚，让人垂涎欲滴。

**任务清单**

**基本任务 我能行**

1. 知道酿豆腐是客家名菜和它的由来。
2. 会肉馅的制作和调味。
3. 掌握酿豆腐的烹调技法和技巧。

客家酿豆腐　223

**挑战任务　我尝试**
会烹饪美味的酿豆腐招待家中客人。

## 工具材料

猪肉
用于馅料制作

香菇
用于馅料的制作

豆腐
用于酿入肉馅

葱
用于菜品提鲜

酿豆腐还需要以下的调料。

☐ 盐　　　　　☐ 生抽　　　　　☐ 油
☐ 生粉　　　　☐ 蚝油

**学习技能**

①切：把豆腐切成厚约2厘米、长约4厘米、宽约3厘米的块。

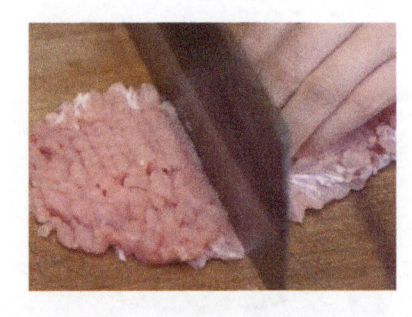

②剁：把猪肉放到案板上，刀斜45度切肉，不把猪肉切断，然后原地翻面，再斜着切，接着直直下刀切两面，最后双刀剁。

③酿：左手虎口间夹紧豆腐，才能塞得多肉，豆腐又不易破。

④煎：烧锅下油烧至7成热，把有肉馅的那一面朝下，撒上适量的盐，调至中小火，时而转动锅面，把豆腐煎成金黄。

客家酿豆腐　　225

⑤焖：将煎好的豆腐块转移至砂锅里，加盖焖4-5分钟。

⑥淋：将生粉、生抽和清水兑好的芡汁沿锅边一圈浇淋，再盖上盖子焖1分钟。

**我行我秀**

客家酿豆腐味道鲜美，在白嫩的豆腐中酿入肉馅渊鱼肉、虾米等，增加了口感，更加有嚼头。

## 温馨提示

1. 豆腐最好选取盐卤豆腐。
2. 把肉馅小心塞进豆腐洞中，不要弄烂豆腐。

## 劳动评价

| 客家酿豆腐 | 教师 ||  自己 | 家长 |
|---|---|---|---|---|
|  | 前测 | 后测 |  |  |
| 1. 切豆腐 |  |  |  |  |
| 2. 剁肉馅 |  |  |  |  |
| 3. 酿豆腐 |  |  |  |  |
| 4. 煎豆腐 |  |  |  |  |
| 5. 焖豆腐 |  |  |  |  |
| 6. 浇淋汁 |  |  |  |  |

# 2

# 东江酿三宝

　　客家酿三宝（亦称东江酿三宝）是一道粤菜中的经典菜品，来自中国广东省东江流域的客家人民的传统美食。它由酿苦瓜、酿茄子和酿豆腐三部分组成，这道传统粤菜不仅形状美观，而且有浓郁的味道和丰富的营养。客家酿三宝的故事可以追溯到清朝乾隆时期。据传说，清朝的乾隆皇帝曾经巡视广东时品尝到了这道美食，并被它的精致风味所吸引。当时它被称为"酿鸽子蛋"，即将剁碎的肉酿入煮鸽子蛋后烘烤而成。后来，由于鸽子蛋价格过高和较难获取，人们开始用茄子、苦瓜等食材代替，将其命名为"酿三宝"。最初的客家酿三宝只有苦瓜和茄子两种食材，后来又加入了豆腐或辣椒，形成了现在的酿三宝。

**任务清单**

**基本任务　我能行**

1. 知道酿三宝是客家名菜和它的由来。
2. 掌握酿三宝"酿"的技能手法。
3. 掌握酿三宝煎、焖烹饪技能。

## 挑战任务 我尝试

会烹饪美味的东江酿三宝招待客人。

### 工具材料

**猪肉**
用于馅料制作

**茄子**
用于酿入肉馅

**辣椒**
用于酿入肉馅

**苦瓜**
用于酿入肉馅

干香菇
用于馅料的制作

葱
用于菜品提鲜

东江酿三宝还需要以下的调料。

☐ 蒜米　　　　　☐ 生抽
☐ 豆豉　　　　　☐ 生粉
☐ 蚝油　　　　　☐ 胡椒粉

## 学习技能

①切：辣椒切开去籽。苦瓜切成圆柱体状，用汤匙挖去苦瓜籽和白瓤。茄子切成滚刀块状，然后用盐水浸泡20分钟左右，冲洗干净后切口。

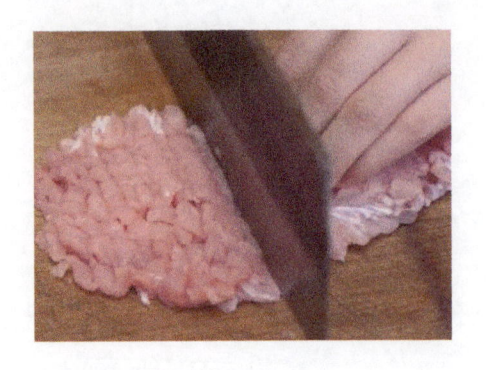

②剁：把猪肉放到案板上，刀斜45度切肉，不把猪肉切断，然后原地翻面，再斜着切，接着直直下刀切两面，最后双刀剁。

③调：将料酒、盐、葱花、生粉、香菇、蚝油、油等加入剁好的肉馅，搅拌均匀调成酿料。

④酿：用筷子夹肉馅小心酿入辣椒、苦瓜和茄子内部。

⑤煎：热锅冷油，多放点儿油，把茄子煎至两面金黄，铲出锅备用。接着放入辣椒，先煎带肉的一面，煎至金黄后反面再煎一会儿，铲出锅备用。最后放入苦瓜，煎至两面金黄，把苦瓜拨到一边，放蒜末和豆豉炒香。

东江酿三宝　231

⑥焖：倒入适量开水，放生抽、蚝油、少许白糖、胡椒粉煮1分钟。然后放入辣椒和茄子，煮开后转小火，盖上盖焖2分钟。

⑦淋汁、摆盘：开大火收汁，淋入水淀粉勾薄芡，滴一些花生油晃匀即可出锅。摆盘之后撒上葱花。

## 我行我秀

随着时间的推移和食材的丰富，人们不断尝试改进和创新，使得酿三宝这道菜品越来越有特色和魅力。煎酿三宝，还可以酿豆腐、香菇，成为了不可缺少的传统粤菜之一。

**温馨提示**

1. 苦瓜比较难熟，因此，需要先煮1分钟。
2. 盖焖时，尽量不要用铲子，防止肉馅脱落，可晃动锅身，使汤汁均匀分布于各食材。

**劳动评价**

| 东江酿三宝 | 教师 前测 | 教师 后测 | 自己 | 家长 |
|---|---|---|---|---|
| 1. 切三宝 | | | | |
| 2. 剁、调肉馅 | | | | |
| 3. 酿三宝 | | | | |
| 4. 煎三宝 | | | | |
| 5. 焖三宝 | | | | |
| 6. 淋汁、摆盘 | | | | |

# 3

## 酿蛋角包

蛋角也叫蛋饺。客家人喜欢吃饺子，就想到了把肉馅酿到鸡蛋里面去，体现了客家人饮食的智慧。客家蛋角，是客家酿文化的又一重要体现，虽然客家蛋角的做法简单，但色彩鲜艳、风味十足，具有浓郁的客家乡土风味。把煎至刚凝固的蛋皮酿上肉馅后卷起来，形如饺子，再配以高汤煮熟，熟后蛋香味鲜，汤汁香甜，是一道餐桌上的家常菜。

**任务清单**

**基本任务　我能行**

1. 会酿蛋角包的步骤和技能手法。
2. 会肉馅的制作和调味。
3. 会配料的切配和菜肴的调味。

### 挑战任务　我尝试

会烹饪美味的蛋角煲招待客人。

## 工具材料

**五花肉**
用于馅料制作

**干冬菇**
用于馅料的制作

**鸡蛋**
用于摊小蛋饼

**白萝卜**
用于砂锅垫底

酿蛋角包　　**235**

制作酿蛋角包还需要以下的调料。

☐ 盐　　　　☐ 胡椒粉　　　　☐ 油
☐ 生粉　　　☐ 味精

**学习技能**

①原料加工：把鸡蛋磕入碗中，搅拌均匀，五花肉去皮剁成肉茸，干冬菇浸开后切成小粒。

②拌：肉茸加入少量盐、味精、生粉、冬菇粒，均匀制成肉馅。

③煎：煎锅烧热加少量油，取一勺蛋液放入锅内，待蛋液半凝固时，取适量肉馅放在蛋液一边上，用锅铲把另一边蛋液铲起将肉馅盖上，成"月牙"形蛋角，然后把蛋角两面煎成金黄色。

④煮：把白萝卜去皮切成段，放入砂锅底部。把煎好的蛋角放入砂锅内，加入适量水，煮3分钟，调味，撒上葱花。

**我行我秀**

蛋角煲是东江煲仔菜的一种做法。菜品质感嫩滑,味道鲜香。鸡蛋煎好是金黄色的,酿好的蛋饺寓意为"金元宝",是一道好意头的客家菜!

**温馨提示**

1. 蛋液要充分打散,煎蛋角时要控制好蛋液的凝固程度。
2. 煎蛋角时火不能太大,要用小火煎。

## 劳动评价

| 酿蛋角包 | 教师 ||  自己 | 家长 |
|---|---|---|---|---|
|  | 前测 | 后测 |  |  |
| 1. 原料加工 |  |  |  |  |
| 2. 拌肉馅 |  |  |  |  |
| 3. 煎蛋角 |  |  |  |  |
| 4. 煮蛋角 |  |  |  |  |

## 4

# 茶油蒸滑鸡

茶油蒸滑鸡是广东客家著名的一道菜，用珍贵清香的高山茶油烹饪而成。土法榨油和放养走地鸡的完美结合，在这道菜里，你可以品尝出深谙生存之道的前人智慧，还有大自然的馈赠。茶油沸点低，用茶油烹饪的鸡具有鲜香、嫩滑、无腥味的特点。客家人有无鸡不成宴的说法，茶油鸡是客家人招待客人的上等佳肴。

**任务清单**

**基本任务　我能行**

1. 会调味、腌制鸡块。
2. 掌握蒸滑鸡的烹调技巧。

**挑战任务　我尝试**

会烹饪鲜香的茶油蒸滑鸡招待客人。

## 工具材料

鸡肉
茶油蒸滑鸡的原材料

茶油
烹饪茶油蒸滑鸡的调料

茶油蒸滑鸡还需要以下的调料。

☐ 盐　　　　　　☐ 生抽
☐ 生姜　　　　　☐ 生粉
☐ 耗油　　　　　☐ 葱花

## 学习技能

①斩：先将鸡洗净斩块装盘。

②拌：肉茸加入少量盐、味精、生粉、冬菇粒，均匀制成肉馅。

③腌：放入盐、姜、生粉、茶油、生抽、蚝油，用手抓均匀，腌制20分钟。

④撒：出锅撒上葱花，再浇上适量的热茶油。

## 我行我秀

客家人都喜欢吃茶油蒸鸡，融入了茶油的香气，色泽金黄而口感嫩滑，吃起来清甜不油腻。这味道带着通远的启蒙，也带着劳作的芬芳。茶油蒸鸡还可以加入香菇、虫草花、当归、红枣等辅料增添几分喜色，增加不同口味。

## 温馨提示

1. 斩鸡注意使用菜刀的安全。
2. 把握好蒸调时间和火候。

## 劳动评价

| 茶油蒸滑鸡 | 教师 ||  自己 | 家长 |
|---|---|---|---|---|
| | 前测 | 后测 | | |
| 1. 斩鸡肉 | | | | |
| 2. 腌鸡肉 | | | | |
| 3. 蒸滑鸡 | | | | |
| 4. 撒葱花、浇热油 | | | | |

# 5

## 砵仔猪肉汤

客家砵仔猪肉汤是一道色香味俱全的客家汤菜，原料采用新鲜的土猪各个部位切成薄片加水蒸制而成，汤色清澈见底，汤味浓郁，原汁原味。一碗盛满猪肉的汤砵，也盛满了客家人对生活的寄语和热爱，客家人的实在、朴素也都融入这瓦体之中。砵中滚烫、鲜甜的汤汁便是客家精神的提纯和浓缩。

**任务清单**

**基本任务　我能行**
1. 会肉料的选取和调味。
2. 掌握砵仔猪肉汤的制作过程。

## 挑战任务　我尝试

会根据个人喜好制作砵仔猪肉汤招待客人。

### 工具材料

**夹心肉**
用于汤料制作

**猪杂**
用于汤料制作

砵仔猪肉汤还需要以下的调料。

☐ 盐　　　　　☐ 胡椒粉
☐ 生粉　　　　☐ 红葱头
☐ 鸡精

砵仔猪肉汤　245

## 学习技能

①切：分别将夹心肉、前朝肉、猪肝、猪腰、猪心切成薄片，把猪血切成方丁。

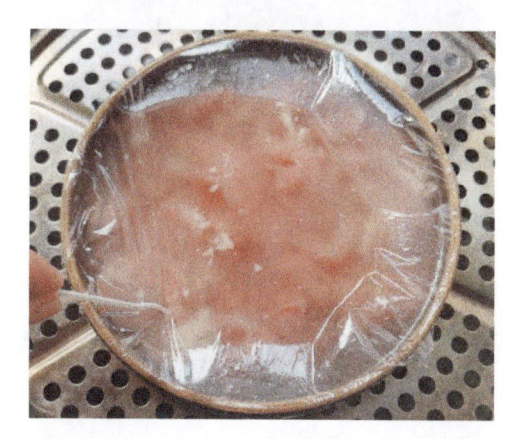

②调：将以上肉料放入砵中，调味后加入水、胡椒等调味料，覆上保鲜膜，放入蒸柜蒸45分钟。

③撒：取出汤砵，去掉保鲜膜，用汤匙撇去表面浮油，撒上葱花。

## 我行我秀

客家人常蒸原汁原味的砵仔猪肉汤配米饭作为早餐,吃饱后就去劳作,体现了客家人朴实、勤劳的品格。

## 温馨提示

1. 猪杂可加生粉或食用碱清洗干净。
2. 封保鲜膜可防止滴入生水。
3. 肉片不可切太厚。

**劳动评价**

| 砵仔猪肉汤 | 教师 前测 | 教师 后测 | 自己 | 家长 |
|---|---|---|---|---|
| 1. 肉料改刀 | | | | |
| 2. 肉料调味 | | | | |
| 3. 蒸肉汤 | | | | |

## 6 红焖猪肉

红焖猪肉又叫红烧肉，是客家地区的一道传统名菜，因这道菜做出来色泽大红，口感软糯，寓意好事临门、大吉大利、红红火火、富得出油。所以，客家人每逢重大节日或有喜庆之事，都得端上一碗满满的红焖肉招待亲朋好友。

**任务清单**

**基本任务 我能行**
1. 认识制作红焖猪肉的原材料。
2. 会处理红焖猪肉所需的配料。
3. 掌握红焖猪肉的烹调技法和技巧。

## 挑战任务　我尝试

会烹饪美味的红焖猪肉招待客人。

### 工具材料

**带皮五花肉**
用于菜品的主料制作

**客家酸菜**
用于菜品的主料制作

红焖猪肉还需要以下的食材配料。

☐ 盐　　　　　　☐ 水
☐ 片糖　　　　　☐ 香叶
☐ 八角　　　　　☐ 红米酒
☐ 生抽　　　　　☐ 味精
☐ 姜片　　　　　☐ 葱段
☐ 蒜蓉

## 学习技能

①处理食材：将五花肉去毛洗干净，切成3cm大小的方块。酸菜洗干净切成1cm的方丁。

②炒：炒锅烧热，放入适量食用油，将五花肉放入锅内小火炒至表面变淡黄色，捞起控油。

③炒：炒锅烧热，放入适量食用油，下蒜蓉爆香，将酸菜放入锅内，加入盐、味精炒干水分至熟，装入扣碗内。

④焖：炒锅烧热，放入适量食用油，锅内放入姜片、葱段炒香，放入五花肉用小火炒至色泽金黄，倒入红米酒、生抽、片糖、香叶、八角、水，加锅盖小火焖制45分钟，焖至肉色大红收汁。

⑤扣：将焖好的五花肉皮面朝碗底排好，铺上酸菜，压平后倒扣在盘子上，用原汁勾芡淋在菜肴上。

**我行我秀**

　　红焖猪肉与梅菜扣肉、香芋扣肉等客家名菜齐名，油润柔糯，味美异常，红红火火，是办喜事的必备菜。

**温馨提示**

1. 五花肉炒上色要用小火，否则会影响色泽。
2. 五花肉焖制时要小火慢铲，焖至肉质软、色泽大红即可。

## 劳动评价

| 红焖猪肉 | 教师 前测 | 教师 后测 | 自己 | 家长 |
|---|---|---|---|---|
| 1. 原料改刀 | | | | |
| 2. 炒肉 | | | | |
| 3. 炒酸菜 | | | | |
| 4. 焖肉 | | | | |
| 5. 扣盘 | | | | |

# 7

## 瓦缸猪脚

瓦缸是客家人做菜常用器皿之一，具有很好的保温作用，能保持食物的鲜味和香味，用瓦缸烹出来的菜肴，方法传统，味道特别。瓦缸猪脚这道菜用猪脚配以冰糖、酱油、红枣等材料用瓦缸焖制而成，色泽诱人，香味浓郁，咸甜可口，深受食客喜爱。客家妇女在月子里都要食用瓦缸猪脚以滋补身体。

**任务清单**

### 基本任务 我能行

1. 知道瓦缸猪脚所需的配料。
2. 掌握瓦缸猪脚的烹调步骤。

### 挑战任务　我尝试

能烹调出瓦缸猪脚慰劳父母。

**工具材料**

**猪脚**
用于菜品的主料制作

**红枣**
用于提升食物的味道和功效

瓦缸猪脚还需要以下的食材配料。

- ☐ 盐
- ☐ 油
- ☐ 冰糖
- ☐ 蚝油
- ☐ 姜片
- ☐ 料酒
- ☐ 生抽
- ☐ 麦芽糖
- ☐ 白醋

## 学习技能

①斩：猪脚剃毛洗净，斩件。

②焯：炒锅加水、姜、米酒烧开，把猪脚放入焯水10分钟。

③炒：炒锅热油，加入生姜煸炒，放猪脚炒香，加入盐、料酒、红枣、生抽、蚝油、冰糖翻炒至金黄色。

④焖：砂锅加水，烧开后倒入猪脚，小火焖熟。

## 我行我秀

瓦缸猪脚含有丰富的胶原蛋白，它能增加皮肤弹性和韧性，对延缓衰老、促进儿童生长发育都具有特殊意义，适合一家人食用。

## 温馨提示

1. 炸猪脚油温要高，谨记安全第一。
2. 焖煮不要太久，否则会影响爽脆口感。

## 劳动评价

| 瓦缸猪脚 | 教师 ||  自己 | 家长 |
|---|---|---|---|---|
| | 前测 | 后测 | | |
| 1. 煮猪脚 | | | | |
| 2. 炸猪脚 | | | | |
| 3. 猪脚斩块 | | | | |
| 4. 调味 | | | | |
| 5. 焖猪脚 | | | | |

# 8

# 粉尘鸭

粉尘，客家人对薄荷的另外一种叫法，它所挥发的宜人香气和独特味道让客家男女老幼都喜欢，是炒田螺、焖鸭、焖鹅的常用佐料。粉尘鸭是客家地区一道风味菜肴，吃起来香、辣、酸，味美可口，能帮助消化，是河源客家人用来款待亲朋好友的一道佳肴。

**任务清单**

**基本任务  我能行**

1. 会挑选鸭、斩鸭。
2. 会配料的切配和菜肴的调味。

258　客家菜肴

**挑战任务　我尝试**

会烹饪美味的粉尘鸭招待客人。

## 工具材料

**光鸭**
粉尘鸭的主要食材

**粉尘**
用于菜品的提香

粉尘鸭还需要以下的调料。

- ☐ 盐
- ☐ 蒜
- ☐ 姜
- ☐ 生抽
- ☐ 老抽
- ☐ 料酒

## 学习技能

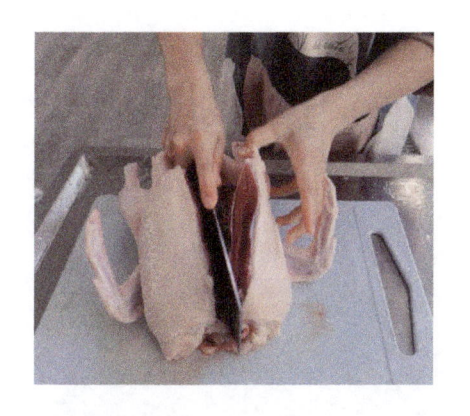

①光鸭斩件：将光鸭掏净内脏洗干净，砍成4×2cm大小的块。

②飞水：炒锅加冷水烧开，将鸭肉飞水，捞起控干水分。

③炒鸭：炒锅烧热，放入少量食用油，将鸭肉放入锅内小火炒至淡黄色，捞起控油。

④调味焖制：烧锅烧热，放入少量食用油，爆香蒜片、姜片，放入鸭肉，烹入料酒，调入盐、生抽、老抽，加入适量水焖至鸭肉软身，再放入粉尘焖至收汁，出锅装盘。

### 我行我秀

抛粉尘鸭味道鲜美，以2~2.5斤的鸭子为原料，先把宰好鸭子煮熟，后切成小块放进小煲里，加适量酸醋、姜、粉尘等配料，然后连续抛拌，待有香味溢出时最佳。

### 温馨提示

1. 炒鸭肉上色时要用小火，否则会影响色泽。
2. 鸭肉要先飞水去除腥膻味。
3. 最好购买青头鸭，现杀，不会太大。

## 劳动评价

| 粉尘鸭 | 教师 ||  自己 | 家长 |
|---|---|---|---|---|
| | 前测 | 后测 | | |
| 1. 光鸭斩块 | | | | |
| 2. 飞水 | | | | |
| 3. 炒鸭 | | | | |
| 4. 调味 | | | | |
| 5. 焖鸭 | | | | |

# 9 艾叶蛋汤

在客家地区素有"清明前后吃艾，一年四季不生病"的说法。客家人由于长时间生活在青山绿水中，对"青"极富联想和寓意，在清明节以吃清明草为定俗。客家人喜欢用艾叶入馔，艾叶煎蛋饼、艾叶蛋汤、艾粄等都是客家地区常见的菜肴。

**任务清单**

**基本任务　我能行**

1. 会处理艾叶。
2. 掌握煮艾草蛋汤的烹调技巧。

**挑战任务　我尝试**
会烹调美味的艾草蛋汤孝敬妈妈。

## 工具材料

**艾草**
用于主食材烹饪

**鸡蛋**
用于主食材烹饪

艾草蛋汤还需要以下的调料。

☐ 盐　　　　　☐ 麻油
☐ 生姜　　　　☐ 胡椒粉

### 学习技能

①磕：把鸡蛋磕入碗中，用筷子拌匀。

②飞水：砂锅加入适量冷水烧开后，放入艾叶飞水至断生，捞起过冷水。

③爆香：砂锅烧热，加入少量食用油，下姜丝爆香，下适量水烧开。

④煮：放入艾叶、蛋液，调入盐煮开，加入胡椒粉、麻油出锅装盘。

### 我行我秀

艾草是一种中草药，也是一种食材。人们喜欢用艾草煮红糖鸡蛋吃，它来源于古代的名方——艾姜汤，不仅艾香浓郁，还能暖气温经。

## 温馨提示

艾叶要飞水，以去除苦涩味。

## 劳动评价

| 艾叶蛋汤 | 教师 ||  自己 | 家长 |
|---|---|---|---|---|
|  | 前测 | 后测 |  |  |
| 1. 磕鸡蛋 |  |  |  |  |
| 2. 艾叶飞水 |  |  |  |  |
| 3. 姜丝爆香 |  |  |  |  |
| 4. 煮艾叶蛋汤 |  |  |  |  |

# 10 娘酒鸡

娘酒是一种糯米酒，为了表达对妇女辛勤的嘉奖，客家糯米酒也被称为娘酒。在广东客家地区，产妇进补必选的就是这一道客家娘酒煮鸡，也是广东客家人在结婚或寿宴的喜庆活动中的一道重要宴客菜。

**任务清单**

**基本任务　我能行**

1. 会斩鸡。
2. 掌握娘酒煮鸡的烹调技法。

**挑战任务　我尝试**

会烹调酒香鲜甜的娘酒鸡招待客人。

## 工具材料

**鸡肉**

烹饪娘酒鸡的主食

**娘酒**

烹饪娘酒鸡的食材

娘酒鸡还需要以下的调料。

☐ 盐　　　　　　☐ 姜
☐ 食用油

## 学习技能

①斩：将光鸡冲洗干净斩成块状。

②炒：炒锅烧热，放入少量食用油爆香姜丝，把鸡肉炒至断生。

③煮：下酿酒，调入盐，用中火煮至鸡肉刚熟即可。

**我行我秀**

客家人用家鸡和自酿的娘酒，两种食物出不寻常，却提供了近乎完美的营养物质，点缀着客家人的生活日常。甜糯的芬芳，朴实无华，一下子攫住了食客的胃。

## 温馨提示

1. 光鸡煮至刚熟即可，否则会影响口感。
2. 选择"鸡卵"为最佳食材。

## 劳动评价

| 娘酒鸡 | 教师 ||  自己 | 家长 |
|---|---|---|---|---|
|  | 前测 | 后测 |  |  |
| 1. 斩鸡 |  |  |  |  |
| 2. 炒鸡 |  |  |  |  |
| 3. 煮鸡 |  |  |  |  |

## 11

## 五指毛桃炖龙骨

用客家人炖老火汤的泡制秘法，用瓦罐炖五指毛桃龙骨汤。汤泛着淡淡的土黄色，那是五指毛桃与汤汁充分交融后的色泽，散发着淡淡的清香，这是五指毛桃根特有的味道。入口则轻盈细滑汤味回甘。

**任务清单**

**基本任务　我能行**
1. 会泡洗五指毛桃根。
2. 掌握五指毛桃炖龙骨的烹调方法。

**挑战任务　我尝试**
用瓦罐炖五指毛桃龙骨汤慰劳辛苦的家人。

五指毛桃炖龙骨　　**271**

## 工具材料

**龙骨**
炖汤的主食材

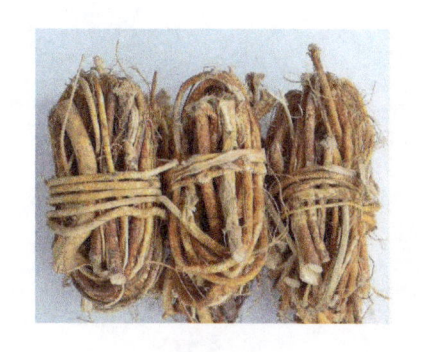

**五指毛桃根**
炖汤的主食材

五指毛桃炖龙骨还需要以下的调料。

☐ 盐　　　　　　☐ 姜

## 学习技能

①泡洗：倒入适量的清水泡洗五指毛桃。

②汆：锅中加入适量的清水和姜片，倒入龙骨汆水备用。

③炖：将龙骨放入瓦罐底部，再放上五指毛桃根，调入盐、姜，加水至罐面八分满，盖上盖子，炖2小时。

**我行我秀**

　　五指毛桃龙骨汤具有祛湿健脾、强筋骨的功效，制作简单，味道鲜甜。还可以根据个人口味加入海底椰片或土茯苓一起炖制。

## 温馨提示

1. 斩骨头时注意安全。
2. 汆是一种烹调方法,把食物放在沸水中稍煮一下。

## 劳动评价

| 五指毛桃炖龙骨 | 教师 ||  自己 | 家长 |
| --- | --- | --- | --- | --- |
|  | 前测 | 后测 |  |  |
| 1. 泡洗 |  |  |  |  |
| 2. 汆水 |  |  |  |  |
| 3. 炖汤 |  |  |  |  |

## 12

## 板栗淮山炖猪蹄汤

　　板栗淮山猪蹄汤是客家饮食中的一道经典汤品，不仅口感鲜美，而且营养丰富，具有很好的滋补效果。这道汤品的制作非常讲究。选用优质的淮山药和板栗，与猪蹄一起慢炖，炖至汤汁浓稠、猪蹄酥烂。在炖煮的过程中，各种食材的味道相互融合，形成了独特的鲜香味道。在客家人的餐桌上，这道汤品往往是作为最后一道菜肴呈现给宾客的，以展示主人的热情好客和丰富的饮食文化。

**任务清单**

**基本任务　我能行**
1. 会剥栗子壳、皮和衣。
2. 掌握板栗淮山炖猪蹄汤的烹调方法。

**挑战任务　我尝试**

会炖板栗淮山猪蹄汤和家人一起享用。

## 工具材料

**猪蹄**

炖汤的主食材

**板栗**

炖汤食材

**山药**

炖汤食材

板栗淮山炖猪蹄汤还需要以下的调料。

☐ 盐　　　　　☐ 姜
☐ 红枣

## 学习技能

①处理食材：栗子去壳、皮、衣。淮山洗净、削皮、切段。红枣洗净、去核，猪蹄洗净、砍成适中的块备用。

②汆：锅中加入适量的水烧开，加料酒、葱、姜，倒入猪蹄汆水备用。

③炖：砂锅中加入足够的清水，将猪蹄、淮山、板栗、红枣与生姜一起放入砂锅中，炖2小时，调入适量盐即可。

板栗淮山炖猪蹄汤　277

## 我行我秀

在客家人的日常生活中，汤品是非常重要的饮食组成部分。客家人认为，汤能够把食物中的营养成分充分提取出来，便于人体吸收，淮山具有补肺益气、健脾补肾等功效，板栗则能养胃健脾、补肾强筋，猪蹄则含有丰富的胶原蛋白和钙质。因此，这道汤品对于提高人体免疫力、美容养颜、强筋健骨等方面都有很好的效果。

## 温馨提示

1. 戴手套处理淮山、避免诱发过敏，出现手痒现象。
2. 大火烧开撇去浮沫，小火煲2个小时即可。
3. 板栗可以用刀砍一小口，放入盘中，进微波炉高火 10~15 秒取出，一剥就开。

## 劳动评价

| 板栗淮山炖猪蹄 | 教师 前测 | 教师 后测 | 自己 | 家长 |
|---|---|---|---|---|
| 1. 处理食材 | | | | |
| 2. 汆水 | | | | |
| 3. 炖汤 | | | | |

# 13

# 客家炒三宝

客家炒三宝指的是用三种不同的蔬菜放在一起去烹调。多以苦瓜、茄子、豆角、辣椒这几种食材为组合，不需要加入肉馅，配以薄荷清炒，口味清鲜、豉香味浓，迎合了客家人健康饮食养生观念。

**任务清单**

**基本任务　我能行**

1. 会清洗、处理主食材。
2. 提前准备薄荷、蒜末、豆豉等调料。
3. 掌握客家炒三宝的烹调技法。

**挑战任务　我尝试**

会烹调美味的客家炒三宝让家人品尝。

## 工具材料

豆角
烹调主食材

苦瓜
烹调主食材

茄子
烹调主食材

客家炒三宝还需要以下的调料。

☐ 薄荷　　　☐ 蒜蓉
☐ 生抽　　　☐ 豆豉
☐ 蚝油　　　☐ 麻油

## 学习技能

①切：将洗净的豆角、苦瓜、茄子分别切成适中的段。

②飞水：炒锅加入冷水烧开后加入苦瓜飞水至断生。

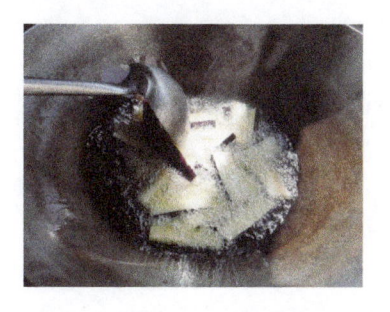

③炸：炒锅放入食用油烧热后分别放入豆角茄子炸至金黄色。

④炒：炒锅烧热，放入少量食用油，爆香蒜蓉、豆豉后加入苦瓜、豆角、茄子，调入盐、生抽、蚝油、麻油翻炒，加入薄荷匀出锅装盘。

## 我行我秀

炒三宝是一道非常经典的客家菜，如果喜欢吃辣，也可以在炒的过程中加入辣椒。客家炒三宝的做法多种多样，可以根据自己的口味挑选食材进行烹调。

## 温馨提示

1. 炸茄子的油温要高，炒制的时间不宜过长。
2. 苦瓜要去瓤。

## 劳动评价

| 客家炒三宝 | 教师 ||  自己 | 家长 |
| --- | --- | --- | --- | --- |
| | 前测 | 后测 | | |
| 1. 切食材 | | | | |
| 2. 苦瓜飞水 | | | | |
| 3. 炸豆角、茄子 | | | | |
| 4. 炒三宝 | | | | |

## 14

## 苦麦炒黄鳝

六月的山间田野传来一阵骚动，原来是黄鳝集体出动了。这孕育于岭南山间的食材，带着原生态的新鲜和顽皮劲儿，要让你的餐桌增添一份美食，也同样增添一份童趣的回味。苦麦炒黄鳝虽是道家常菜，但烹饪过程却不简单，有迂回婉转之感。菜肴上桌，客人从菜肴里吃出了黄鳝的肥美、苦麦的鲜嫩。

**任务清单**

**基本任务　我能行**

1. 会处理黄鳝。
2. 掌握苦麦炒黄鳝的烹调技法。

## 挑战任务 我尝试

烹调鲜美的苦麦炒黄鳝与家人共享。

### 工具材料

**黄鳝**
烹调的主食材

**苦麦**
烹调的主食材

苦麦炒黄鳝还需要以下的调料。

☐ 胡椒粉　　☐ 蒜蓉
☐ 姜丝　　　☐ 葱
☐ 生抽　　　☐ 料酒

## 学习技能

①切：黄鳝用剪刀开肚，去掉内脏，切寸段。

②洗：苦麦清洗干净，切段。

③爆炒：热锅烧油，放入姜丝、葱、蒜爆香，然后加入黄鳝翻炒，调入生抽、盐、胡椒粉、料酒调味。

④翻炒：黄鳝炒至七、八成熟，加入苦麦翻炒至软时出锅装盘。

## 我行我秀

黄鳝除了炒苦麦菜，还可以炒韭菜或单独爆炒。

**温馨提示**

黄鳝炒制的时间不宜过长，否则会影响口感。

**劳动评价**

| 苦麦炒黄鳝 | 教师 ||  自己 | 家长 |
|---|---|---|---|---|
|  | 前测 | 后测 |  |  |
| 1. 处理黄鳝 |  |  |  |  |
| 2. 清洗苦麦 |  |  |  |  |
| 3. 爆炒黄鳝 |  |  |  |  |
| 4. 翻炒苦麦 |  |  |  |  |

# 15

# 东江盐焗鸡

盐焗鸡的形成与客家人的迁徙生活密切相关。在南迁过程中，客家人搬迁到一个地方，经常受到异族的侵扰，难以安居，被迫又搬迁到另一个地方。在居住过程中，每家每户均饲养家禽、家畜。在"逃亡"、迁徙过程中，活禽不便携带，便将其宰杀，放入盐包中，以便贮存和携带。到搬迁地后，这些贮存、携带的原料可以缓解原料的匮乏，又可滋补身体。盐焗鸡就是客家人在迁徙过程中运用智慧制作，并闻名于世的菜肴。盐焗鸡味香浓郁，皮爽肉滑，以沙姜油盐佐食，风味极佳，色泽微黄，骨肉鲜香。因此，盐焗鸡始于东江一带，故称这种鸡为"东江盐焗鸡"。

**任务清单**

**基本任务　我能行**

1. 会挑选鸡、会炒盐。
2. 掌握东江盐焗鸡的制作过程。

## 挑战任务 我尝试

会制作风味独特的盐焗鸡或盐焗凤爪去野炊。

## 工具材料

**光鸡**
烹调盐焗鸡的主料制

**粗盐**
用于盐焗鸡的焗制

东江盐焗鸡还需要以下的调料。

- ☐ 盐焗鸡粉    ☐ 麻油
- ☐ 花生油

炒盐是古法盐焗鸡的重要的一个环节，所用的盐必须是大粒无碘的粗盐。

东江盐焗鸡

## 学习技能

①洗：将光鸡洗干净，掏干净内脏，擦干表面水分。

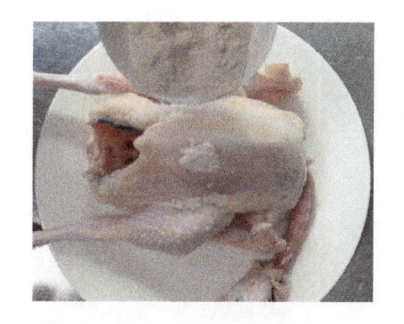

②擦：用盐焗鸡粉均匀地擦鸡腔和鸡身，擦至皮呈金黄色，将鸡脚从尾部塞入鸡腔内。

③包：油纸刷上油，包装光鸡，一共包3层。

④炒：将粗盐放入锅内，炒热后盛出备用。

⑤焗：锅内放入一半熟盐垫底，将包好的鸡放上，再倒入剩余的热盐封住光鸡，慢火焗50分钟。

⑥撕：取出光鸡，拆去油纸，将鸡手撕成块放入盘中，用盐焗鸡粉10克、麻油、花生油拌匀做佐料便可使用。

### 我行我秀

盐焗烹调法是客家菜最具特色的烹调法，可制作出独具风味特色的盐焗系列食品，如盐焗凤(鸭)爪、盐焗猪肚、盐焗水鱼等。

### 温馨提示

1. 将光鸡表面的水分擦干净，否则，出水会影响鸡的色泽和味道。
2. 焗鸡时要小火焗制，否则，会影响色泽及成品质量。
3. 所用的盐必须是大粒无碘的粗盐。粗盐温度要高，120℃左右，才会使鸡身受热均匀。
4. 要包三层油纸，一是盐焗鸡在加热过程中会有汁水流出；二是避免油纸跟鸡肉粘连，拆油纸的时候鸡皮破裂，影响菜的品相；三是避免盐温度过高鸡皮表面焦黑。

## 劳动评价

| 东江盐焗鸡 | 教师 前测 | 教师 后测 | 自己 | 家长 |
|---|---|---|---|---|
| 1. 光鸡擦粉 | | | | |
| 2. 光鸡包纸 | | | | |
| 3. 炒盐 | | | | |
| 4. 焗鸡 | | | | |
| 5. 撕鸡 | | | | |
| 6. 调佐料 | | | | |

## 16 生焗万绿湖大头鱼

河源万绿湖因处处是绿，四季皆绿而得名，她集水域壮美、水质纯美、水色秀美、水性恬美于一身，全国罕见。大头鱼在这无污染水质里生长，以肉质嫩滑闻名，切成一块一块，辅以佐料生焗，开锅后香味丝丝如烟飘逸而出，让人垂涎欲滴。

**任务清单**

**基本任务　我能行**

1. 会处理鱼头。
2. 掌握大头鱼焗制过程。

**挑战任务　我尝试**

我会烹调美味的生焗大头鱼。

## 工具材料

**万绿湖鱼头**

用于菜品的主料制作

生焗万绿湖大头鱼还需要以下的调料。

- ☐ 蒜头　　　　　☐ 鲜姜
- ☐ 红葱头　　　　☐ 香菜
- ☐ 蚝油　　　　　☐ 生抽
- ☐ 味精　　　　　☐ 淀粉
- ☐ 花生油　　　　☐ 米酒

### 学习技能

①斩：将鱼头洗净并斩件。

②烧：砂锅烧热，放入油、蒜头、姜、红葱头，转中小火。

③焗：待料头炒至金黄色放入鱼头，盖好盖子。大火焗3分钟后，转中小火再焗5分钟。待香气扑鼻时开盖放入香菜，烹入米酒即可。

## 我行我秀

万绿湖大头鱼个头肥大,肉质鲜美,含有丰富的蛋白质、钾、钙等微量元素,低脂肪,河源人喜欢用其烹调菜肴。

## 温馨提示

1. 鱼头不能有水,要吸干净水分再腌制。因为水分太多会扩散调味料的浓度,使鱼头的咸香味降低。
2. 鱼头要斩得大小均匀,摆放要错落有致。
3. 焗制时要控制好火候,控制时间。

## 劳动评价

| 生焗万绿湖大头鱼 | 教师 ||  自己 | 家长 |
|---|---|---|---|---|
| | 前测 | 后测 | | |
| 1. 斩鱼头 | | | | |
| 2. 腌鱼头 | | | | |
| 3. 炒料头 | | | | |
| 4. 焗鱼头 | | | | |

# 六 客家农耕

# 1

## 种绿叶青菜

绿叶菜是以鲜嫩的绿叶、叶柄和嫩茎为产品的速生蔬菜。由于生长期短，采收灵活，栽培十分广泛，品种繁多。广东客家地区常种植的绿叶青菜有芥菜、菜心、油麦菜、菠菜、芹菜、苋菜等。

**任务清单**

**基本任务 我能行**

1. 能够辨别杂草和绿叶青菜。
2. 能给青菜适时浇水和施肥。

**挑战任务　我尝试**

1. 能够根据季节种植相适应的绿叶青菜。
2. 会管理、采摘青菜。

## 工具材料

| | |
|---|---|
| 铁锹 | 锄头 |

用于松土、平整土地，种植青菜

| | |
|---|---|
| 手套 | 浇菜水桶 |
| 用于处理菜间杂草 | 用于浇水 |

种植绿叶青菜需要的工具和材料。

☐ 耙子　　　　　☐ 水鞋
☐ 地膜　　　　　☐ 草帽
☐ 剪刀　　　　　☐ 肥料

## 学习技能

①整地：将需要种植的土壤用铁铲翻一遍(约翻深1尺左右)，翻晒3~5天，然后施肥，埋在土壤下，平整好。

②撒种：用撒播的方法，把绿叶青菜的种子均匀地撒在种植地里。

③施肥：绿叶菜定植后10~15天，追施肥料，到叶生长肥大期，是养分最大效率期，需供应较多肥水。

④浇水：可根据土壤的干燥程度，适当进行浇水。

⑤采摘：根据绿叶青菜的成熟程度，适时进行采摘。

## 我行我秀

青菜种植季节一般为8~10月，每年均可种植，但以秋、冬季节为佳。经过2个余月的精心管理，方可采摘。

## 温馨提示

1. 浇水时要根据天气变化适当浇水，水不能浇得过多。
2. 每种绿叶菜的生长期不同，如鸡毛菜只需30~40天即可采摘；
3. 包菜的生长周期则在90~120天左右，因此，需要根据季节来种植不同的青菜。

## 劳动评价

| 种绿叶青菜 | 教师 前测 | 教师 后测 | 自己 | 家长 |
|---|---|---|---|---|
| 1. 整地 | | | | |
| 2. 播种 | | | | |
| 3. 施肥 | | | | |
| 4. 浇水 | | | | |
| 5. 采摘 | | | | |

# 2 种茄子

茄子是我国各地区饭桌上最为常见的家常蔬菜之一，具有丰富的营养价值。茄子的形状有长或圆，颜色有白、红、紫等。

茄子的适应能力很强，栽培技术比较简单。它对光照时间强度要求较高。在日照长、强度高的条件下，茄子生育旺盛，花芽质量好，果实产量高，着色佳。

**任务清单**

**基本任务　我能行**
1. 会用正确的方法密植。
2. 能正确使用劳动工具。

### 挑战任务　我尝试

1. 能够正确自主选择优种。
2. 能够根据土壤的贫瘠按时浇水、施肥。

### 工具材料

氮肥 　　　　　　　　　尿素

用于施肥

水桶 　　　　　　　　　水勺

用于浇水

种茄子需要的工具和材料。

☐ 手套　　　　☐ 水鞋
☐ 菜篮　　　　☐ 铁锹
☐ 剪刀　　　　☐ 锄头

## 学习技能

①选择良种：选择成熟度高、籽粒饱满、无病虫害的种子。

②施足基肥：播种前1~2天每亩用充分腐熟的细碎农家肥加复合肥20公斤做基肥并与表土充分混合。

③适时播种：春茄的适播期为10月下旬至11月，苗期60~70天。秋茄的适播期6~7月，苗期25~30天。

④合理密植：行距70厘米，株距30~40厘米。

⑤适时整枝：适当进行枝叶整理，一般在茄子长到30厘米时，可将茄子苗的顶芽摘除，促进侧枝的生长。等到茄子植株成型，要将侧枝的顶芽摘除。

⑥肥水管理：茄子缓过苗后，结合浇水，适当追施稀粪或化肥，促进茄苗迅速生长。天旱要做好灌溉，多雨季节及时排水，避免造成烂根。

⑦采摘收获：茄子成熟后，从果实根部切断进行采摘。

**我行我秀**

茄子一般在春季的1~2月或者是秋季的7~8月进行种植，根据土地的干燥程度就行浇水施肥，经过5个月的肥水管理，茄子才能成熟。

## 温馨提示

茄子移栽后，要及时浇水，保持土壤湿润。

在茄子成熟期间，要及时采摘，避免茄子过熟。

## 劳动评价

| 种茄子 | 教师 ||  自己 | 家长 |
|---|---|---|---|---|
|  | 前测 | 后测 |  |  |
| 1. 选择良种 |  |  |  |  |
| 2. 施足基肥 |  |  |  |  |
| 3. 适时播种 |  |  |  |  |
| 4. 合理密植 |  |  |  |  |
| 5. 适时整枝 |  |  |  |  |
| 6. 肥水管理 |  |  |  |  |
| 7. 采摘收获 |  |  |  |  |

# 3

## 种豆角

豆角又称作豇豆，是夏天盛产的蔬菜，是一种营养价值较高的蔬菜，因此，豆角也被誉为"蔬菜中的肉类"。豆角所含的碳水化合物能起到类似粮食的作用，常被作为主菜食用。豆角是耐热型蔬菜，能耐高温，但不耐寒霜；种子在25℃~30℃时发芽较快，温度较低。豆角根系发达，耐旱，要求有适量的水分，种子发芽期和幼苗期不宜有过多的水分，以免降低发芽率和沤根死苗。豆角属于蔓生植物，在豆角生长的过程中，需要进行搭架与修枝。

## 任务清单

**基本任务　我能行**

1. 能够自己松土、平整土壤。
2. 能正确播种豆角。

**挑战任务　我尝试**

1. 能够正确搭架。
2. 能根据豆角苗的长势，及时处理杂苗、按时浇水、施肥。

## 工具材料

铁锹

用于松土、平整土壤

支架

用于进行搭架

**豆角种子**
用于种植

**锄头**
用于清除地膜里面的杂草

种豆角需要的工具和材料。

☐ 手套　　　☐ 水鞋　　　☐ 肥料
☐ 草帽　　　☐ 剪刀

## 学习技能

①整地施肥：豆角喜土层深厚的土壤，选择富含有机质，上年未种过豆角的土地，播前应深翻25厘米，需施适量有机肥料、蔬菜专用复合肥等做基肥，然后平整成60厘米宽的小畦。

②选种与处理：选择颗粒饱满且无病害虫的种子，并将种子放入30℃左右的温水中浸泡5~6小时。能使种子充分吸水并快速发芽。

③播种定植：在3月中旬至4月初进行播种。畦面上开沟，将豆角籽粒每坑按2~3颗种子穴播。当豆角植株生长到80厘米时，首先要找到主蔓，然后再把豆角主蔓顶部的尖掐掉，控制植株高度，促使下部分展出更多的侧枝。

④搭架修枝：藤蔓长到30厘米时搭建支架。采用单杆搭架法，将竹竿插在植株根系旁的土壤中，并引导藤蔓沿杆方向生长。在豆角生长过程中，需要适当摘除老、黄、病、残叶和枝蔓。

⑤追肥浇水：豆角生长前期，由于根系没有完全发育，一般间隔10至20天施一次氮肥或尿素。豆角开花结荚后，可以追施肥料，每次施肥后需要浇适量的水。

⑥田间管理：在种植豆角的过程中，根据种植地杂草的数量，合理地进行除草工作。

⑦适时采摘：豆角一般在种植在55至60天左右成熟，当豆角成熟后，需要及时地采摘。

### 我行我秀

种植豆角除穴播外，还可以直接撒播，将豆角种子撒在土壤表面，覆盖一层细土，最后覆盖上塑料膜即可，等豆角种子发芽之后再去掉薄膜，适当浇水，保证土壤湿润。不过，撒播的后期要及时定植移栽，等豆角小苗长到3到5厘米高就可以将小苗挖出来，然后进行定植。

### 温馨提示

1. 在搭架时，需要注意每条支架要间隔均匀。
2. 在病虫害防治的时候，要做好个人防护，以免农药喷溅。

**劳动评价**

| 种豆角 | 教师 前测 | 教师 后测 | 自己 | 家长 |
|---|---|---|---|---|
| 1. 整地施肥 | | | | |
| 2. 种子选择和处理 | | | | |
| 3. 播种定植 | | | | |
| 4. 搭架修枝 | | | | |
| 5. 追肥浇水 | | | | |
| 6. 田间管理 | | | | |
| 7. 适时采摘 | | | | |

## 4

# 种花生

花生又名落花生，是一种常见的经济作物，具有丰富的营养价值和经济价值。在中国，花生的种植面积广泛，是农民重要的收入来源之一。花生可以在春季和秋季种植，但春季种植的效果更好，因为春季的气温适宜，土壤湿度较高，有利于花生的发芽和生长。秋季种植的花生则需要注意防止早霜和干旱的影响。

**任务清单**

**基本任务　我能行**

1. 能够自己松土、平整土壤。
2. 能正确挑选优质的花生种子。
3. 会播种、管理、收花生。

种花生　315

**挑战任务　我尝试**

1. 会使用播种器合理密植。
2. 能够根据需要按时浇水、施肥。

## 工具材料

**铁锹**

**耙子**

用于松土、平整土壤、除草和散播肥料

**播种器**

用于播种花生种子

**筛选器**

用于筛选种子

种花生需要的工具和材料。

- ☐ 手套
- ☐ 草帽
- ☐ 水鞋
- ☐ 剪刀
- ☐ 锄头
- ☐ 肥料

## 学习技能

①选种：选用合格的种子，不能使用受冻、受潮、霉捂、破损、干瘪的种子。

②整地：把土地翻松、平整。

③适时播种：前后间距保持10cm，播种深度4~5厘米左右为宜。

④合理施肥：有机肥和无机肥料配合施用，施足基肥，适当追肥（苗期追肥、花针期追肥、叶面喷肥。）

种花生　317

⑤田间管理：花生长苗后，要查苗补苗。发现发生花苗长虫，要立刻进行农药除虫。

⑥收花生：经过3~4月的种植管理，立刻收成。

**我行我秀**

花生是一种非常受欢迎的坚果，它富含蛋白质、脂肪、矿物质和维生素，具有很高的营养价值。花生不仅可以直接食用，还可以做成各种美食，如花生油、花生酱等。在家种植花生，不仅可以享受到新鲜的花生，还可以锻炼身体，陶冶情操。

## 温馨提示

1. 使用劳动工具过程中严禁当做玩具打闹，在使用过程中，规范操作，要保证自己和他人的安全。
2. 在病虫害防治的时候，要做好个人防护，以免农药喷溅。

## 劳动评价

| 种花生 | 教师 前测 | 教师 后测 | 自己 | 家长 |
| --- | --- | --- | --- | --- |
| 1. 选用良种 | | | | |
| 2. 种子处理 | | | | |
| 3. 选地、整地 | | | | |
| 4. 适时播种 | | | | |
| 5. 合理追肥 | | | | |
| 6. 田间管理 | | | | |
| 7. 病虫害防治 | | | | |
| 8. 收花生 | | | | |

# 5

# 种南瓜

南瓜是一种营养丰富、用途广泛、市场需求高的普通瓜类作物，深受广大消费者和农民的青睐。南瓜具有适应性强、管理方便、贮藏方便、贮藏周期长等特点。南瓜通常都是在春季的1到3月份种植的，或者选在秋季的7到8月种下也行。春季种植多是用育苗移栽法，秋季多是直接播种。

**任务清单**

**基本任务　我能行**

1. 能够自己松土、平整土壤。
2. 能正确剔除弱苗。
3. 能够种植南瓜苗。

## 挑战任务　我尝试

1. 能适时给南瓜支架。
2. 能够根据需要按时浇水、施肥。

### 工具材料

铁锹

架子

用于松土、平整土壤、除草和散播肥料

南瓜苗

用于种植南瓜

种南瓜需要的工具和材料。

- ☐ 手套
- ☐ 锄头
- ☐ 剪刀
- ☐ 水鞋
- ☐ 草帽
- ☐ 肥料

## 学习技能

①开穴播种：播种前钻孔，注入足底水，每孔放种子3或4粒，覆盖2厘米土壤，使孔间距45~50厘米，25~30℃下发芽约1~2周。

②定植施肥：待种子成长成幼苗后，需剔除弱苗，每穴留苗1株。种植后约10天，喷施1次有机肥。

③支架生长：当藤蔓沿地面绕盆面一周时，拉茎攀爬支撑，可使叶片均匀分布，树枝互不遮挡。

④除草追肥：除草的时候，注意不要让苗和根移动或受伤，为了促进根系发育，需要在根上培土，在南瓜整体的成长期，一般进行2~3次培土和除草。

⑤适时采摘：南瓜生长到一定的程度，根据南瓜的大小采摘。

### 我行我秀

南瓜不仅软糯香甜，而且还富含膳食纤维，可促进肠胃蠕动，帮助食物消化。

**温馨提示**

1. 使用劳动工具过程中严禁打闹，在使用过程中，一定要规范操作，从而保证自己和他人的安全。
2. 在南瓜生长的花期要适当追肥。

**劳动评价**

| 种南瓜 | 教师 ||  自己 | 家长 |
| --- | --- | --- | --- | --- |
|  | 前测 | 后测 |  |  |
| 1. 开穴播种 |  |  |  |  |
| 2. 定植施肥 |  |  |  |  |
| 3. 支架生长 |  |  |  |  |
| 4. 除草追肥 |  |  |  |  |
| 5. 适时采摘 |  |  |  |  |

# 6

# 种玉米

玉米是一年生草本植物。客家人叫包粟。玉米是重要的粮食作物和饲料作物，也是全世界总产量最高的农作物，其种植面积和总产量仅次于水稻和小麦。玉米一直都被誉为长寿食品，含有丰富的蛋白质、脂肪、维生素、微量元素等。

任务清单

**基本任务　我能行**
1. 能够自己平整土壤。
2. 能正确合理播种玉米。

种玉米

**挑战任务　我尝试**

1. 会铺地膜。
2. 能根据玉米的长势，及时处理杂苗、按时浇水、施肥。

**工具材料**

铁锹　　　　　　　　　播种器

用于松土、平整土壤；用于快速、均匀地播种花生种子

地膜机　　　　　　　　铲子

用于匀称的铺地膜　　　用于清除地膜里面的杂草

种玉米需要的工具和材料。

☐ 手套　　　　☐ 水鞋　　　　☐ 地膜
☐ 草帽　　　　☐ 铲子　　　　☐ 肥料

**学习技能**

①选用良种：选用合格的种子，不能使用受冻、受潮、霉捂、破损的种子。

②种子处理：采用植病灵农药杀菌剂对播种的玉米种子，可以有效防治玉米病虫害。

③整地、播种：把地翻松、平整。前后株距20厘米左右，行距50厘米左右为宜。

④铺地膜：提高土壤水分的利用效率；能使土壤保持适宜的温度、湿度等。

⑤适时放苗及清理杂草待苗长出后，顶住地膜时，开始放苗垫土及清理地膜里面的杂草。

⑥田间管理：查苗补苗，除草、浇水。在玉米结穗期要适当施肥。

⑦收玉米：经过3~4月的种植管理，便可收成。

### 我行我秀

玉米可以用来做玉米汁，也可以用来煲汤。

### 温馨提示

1. 放苗时要小心，不能将苗折断。待苗放出后要用土压住地膜，垫在玉米苗的周围，以便有利于雨水的收集。
2. 在病虫害防治的时候，要做好个人防护，以免农药喷溅。

### 劳动评价

| 种玉米 | 教师 前测 | 教师 后测 | 自己 | 家长 |
| --- | --- | --- | --- | --- |
| 1. 选用良种 | | | | |
| 2. 种子处理 | | | | |
| 3. 整地、播种 | | | | |
| 4. 铺地膜 | | | | |
| 5. 适时放苗及清理杂草 | | | | |
| 6. 田间管理 | | | | |
| 7. 收玉米 | | | | |

## 7

## 种红薯

客家人历来以大米为主食，古时候由于客家地区山高水冷、日照时间短、土地瘠薄，加上耕种技术落后等原因，水稻单位面积产量低。如遇上水旱灾害或严重病虫害，甚至失收。每年生产的稻谷除种子和赋税后，所剩无几。为了解决主粮不足问题，大家便开垦山坡地种植番薯、芋、豆、玉米、粟类等作杂粮，其中把番薯当作主要杂粮，家家户户均较大面积种植，让很多客家人平安度过饥荒岁月。

红薯又名番薯、地瓜，富含蛋白质、淀粉、果胶、纤维素、及多种矿物质，有"长寿食品"之誉。

## 任务清单

**基本任务　我能行**

1. 会用正确的方法起垄。
2. 能够正确使用铁锹和锄头。

**挑战任务　我尝试**

1. 能够自主选种育苗。
2. 能够在恰当的时间浇水、施肥。

## 工具材料

铁锹　　　　　　　　锄头

用于松土、平整土地，栽种红薯

种红薯　331

**耙子**
用于平整土地

**地膜**
用于提高土壤水分的利用效率

种红薯需要的工具和材料。

☐ 手套　　　　☐ 水鞋
☐ 地膜　　　　☐ 草帽
☐ 剪刀　　　　☐ 肥料

## 学习技能

①松土基肥：用锄头松土，施基肥。

②起垄：用锄头挑沟，堆起高于平地的小土坡。

③选种：选择红薯苗中的优良品种。

④插苗：将品种优良的红薯苗根据一定的间距种植在地上。

⑤追肥管理：根据土地的干燥、缺肥程度，适时施肥和浇水。

⑥挖红薯：顺着红薯藤，把最表面的土轻轻地挖开，慢慢的将红薯挖出来。

## 我行我秀

　　红薯是一种营养丰富、口感香甜、适应性强的农作物。红薯的种植也不太复杂，只要掌握好种植时间、方法和注意事项，就可以收获丰硕的成果。

## 温馨提示

1. 使用铁锹、锄头、耙子时严禁将铁锹当作玩具打闹。在使用的过程中,要保证自己和他人的安全。
2. 收割红薯时,不要将红薯弄坏。

## 劳动评价

| 种红薯 | 教师 ||  自己 | 家长 |
|---|---|---|---|---|
|  | 前测 | 后测 |  |  |
| 1. 松土施肥 |  |  |  |  |
| 2. 起垄 |  |  |  |  |
| 3. 育种或选种 |  |  |  |  |
| 4. 播种 |  |  |  |  |
| 5. 追肥管理 |  |  |  |  |
| 6. 挖红薯 |  |  |  |  |

# 8

# 种黄豆

黄豆，学名大豆，别称毛豆、黄大豆等，具有极高的食用价值和经济价值，是中国重要的粮食作物之一，已有五千年栽培历史。黄豆喜欢温暖，种植时间一般在春季、夏季，秋季最好在8月前播种。南方气温较高，可以在春季3月下旬4月中旬播种。黄豆蛋白质含量为35%，在所有谷物中居于首位，常用来做各种豆制品、榨取豆油、酿造酱油和提取蛋白质，因其丰富的营养价值而被称为"豆中之王"，人们也称之为"植物肉"或者是"绿色的乳牛"。

## 任务清单

**基本任务　我能行**
1. 能在指导下松土、平整土壤。
2. 能够正确挑选受潮、霉捂、破损的种子。

**挑战任务　我尝试**
1. 会使用播种器合理密植。
2. 能够根据需要按时浇水、施肥。

## 工具材料

铁锹 　　　　　　　　　耙子

用于松土、平整土壤、除草和散播肥料。

**播种器**
用于快速、均匀地播种黄豆种子

**铲子**
用于修剪花生和杂草

种黄豆还需要什么工具和材料，在需要的选项后面的方格里划"√"。

| 手套 □ | 水鞋 □ | 锄头 □ |
| --- | --- | --- |
| 草帽 □ | 剪刀 □ | 肥料 □ |

## 学习技能

①选种：选用合格的黄豆种子，不能使用受冻、受潮、霉捂、有破损的种子，种子发芽率必须保证在75%以上。

②整地：适宜耕作在比较疏松肥沃的土壤、深耕可以预防各种病虫害。

③播种：播种前需要将土地浇湿，黄豆每株间隔30~50厘米左右。

④田间管理：根据豆苗的长势定期开展浇水、施肥、除草和病虫害防治。

⑤适时收获：黄豆的成熟时间不等，在黄豆荚摸上去比较硬的时候，就可以采收了。收割完之后，就是晒干脱粒。

## 我行我秀

黄豆芽是常见的蔬菜。泡发黄豆时，先选用颗粒饱满、无破损、无干枯的豆子，用清水冲洗干净放入容器中用清水浸泡8~10小时。中途需换水2次以上，保持水质清洁；然后选择一个透明或半透明的容器，其底部应有小孔，在容器底部放纱布；再把将浸泡好的豆子均匀地铺在底部材料上，厚度不超过2厘米；最后然后用湿润的纸巾或类似的材料遮盖容器，将容器放置在温暖通风的地方，每天早晚用清水轻轻淋湿豆子。大约在3~5天后，豆芽就长出来了。

## 温馨提示

1. 在使用劳动工具的过程中，严禁当作玩具打闹，要规范操作，要保证自己和他人的安全。
2. 要做好病虫害的防治，预防豆天蛾和根腐病，施药时，要做好个人防护。

## 劳动评价

| 种黄豆 | 教师 ||  自己 | 家长 |
| --- | --- | --- | --- | --- |
|  | 前测 | 后测 |  |  |
| 1. 选种 |  |  |  |  |
| 2. 整地 |  |  |  |  |
| 3. 播种 |  |  |  |  |
| 4. 田间管理 |  |  |  |  |
| 5. 适时收获 |  |  |  |  |

## 9

# 种甘蔗

甘蔗是温带和热带农作物，可分为春种和秋种，春种以2~4月份为宜，秋种以8~9月份为宜。甘蔗是制造蔗糖的原料，且可提炼乙醇作为能源替代品，它含有丰富的糖分和水分，还含有对人体新陈代谢非常有益的各种维生素、脂肪、蛋白质、有机酸、钙、铁等物质，表皮一般为紫色和绿色两种常见颜色，也有红色和褐色，但比较少见。

340　客家农耕

## 任务清单

**基本任务　我能行**
1. 会独立完成整地、施肥。
2. 能按照要求合理密植。

**挑战任务　我尝试**
1. 能够自主选种和浸种。
2. 能够在恰当的时间内给甘蔗除草培土。

## 工具材料

铁锹 　　　　　　　　　　　镰刀

用于松土、平整土地、栽种和砍、削甘蔗

种甘蔗需要的工具和材料。

☐ 手套　　　　　☐ 水鞋
☐ 耙子　　　　　☐ 草帽
☐ 剪刀　　　　　☐ 肥料

**学习技能**

①整地基肥：选深厚肥沃、疏松的土地，平整土地，然后施加基肥。

②选种浸种：选择蔗茎相对粗大，均匀且没有裂缝的，不能有病虫害的蔗种。用清水，或者是2%的石灰水来浸种，大概要浸种1~2天。

③种植：甘蔗种植时芽口应向上水。种植行距要在90~100厘米，这样方便后期甘蔗更好的通风透气，种植后要覆土5厘米，及时浇透。

④田间管理：根据长势定期开展浇水、施肥、除草、修剪和修整。

⑤收割：果蔗全生长期为 260 天左右，即从出苗后起经 260 天以上的生长期才能达到充分成熟，产量最高、品质最优，否则，过早过迟都影响产量和质量。

## 我行我秀

甘蔗可以用来榨甘蔗汁，也可以用来煲汤。

## 温馨提示

1. 施肥时要注意适量，不能过多或过少。
2. 砍削甘蔗时，要规范使用工具，以免伤人。

## 劳动评价

| 种甘蔗 | 教师 前测 | 教师 后测 | 自己 | 家长 |
| --- | --- | --- | --- | --- |
| 1. 整地 | | | | |
| 2. 施肥 | | | | |
| 3. 选种 | | | | |
| 4. 浸种 | | | | |
| 5. 种植 | | | | |
| 6. 田间管理 | | | | |
| 7. 收割 | | | | |

## 10

## 种薄荷

薄荷别称田螺香，客家人又叫它"粉尘"，它是制作粉尘鸭、炒田螺、煮茄子、白切鹅等菜肴时的必备原料，所挥发的宜人香气和独特味道，深受客家人的喜爱。薄荷具有疏散风热的功效，主要用于治疗风热感冒症，例如发烧、怕冷、嗓子痛、头痛、咳嗽等症状，都具有缓解病症的效果。

**任务清单**

**基本任务  我能行**
1. 能够将薄荷苗种植在土地上。
2. 能够给幼苗浇水施肥。

种薄荷　345

**挑战任务　我尝试**

1. 能够根据薄荷苗的长势施肥。
2. 能够根据需要按时浇水。

## 工具材料

薄荷苗
用于种植

锄头
用于平整土地

种薄荷需要的工具和材料。

☐ 手套　　　　☐ 篮子
☐ 肥料　　　　☐ 草帽
☐ 剪刀

## 学习技能

①整平土地：将土地进行深翻，并将腐熟的堆肥、过磷酸钙和骨粉等作为基肥作为基肥施到地里，耙细并将肥料翻到土里。

②移栽：准备好生长健壮、节间短、无病害的薄荷幼苗，在地上按行株25厘米，开10厘米深的沟、将幼苗按10厘米株距斜摆在沟内。

③科学浇水：薄荷在前中期需水较多，特别是在生长初期，薄荷的根系尚未形成，一般间隔15天左右浇一次水。土壤干燥时，应该立刻浇水。

④合理追肥：薄荷对肥料的需求量不高，但通过合理追肥，能够使薄荷的长势能够更加旺盛，可1个月追肥1次稀释的氮肥。

⑤采摘：采摘时间在4到8月的时候品质比较好，在采摘的过程中，一般摘取顶部的嫩茎叶。在采摘的时候，要使用干净的剪刀，防止细菌侵入到植株。

### 我行我秀

薄荷可以制作成各种特色美食的佐料,例如客家地区的"粉尘鸭"。

### 温馨提示

1. 种植薄荷的时候尽量选择疏松,透气性、保水性好的土壤。
2. 薄荷是一种喜光植物,所以,在种植薄荷的时候,一定要注意光照。光照时间越长,薄荷的长势越好。

**劳动评价**

| 种薄荷 | 教师 ||  自己 | 家长 |
|---|---|---|---|---|
| | 前测 | 后测 | | |
| 1. 平整土地 | | | | |
| 2. 移栽 | | | | |
| 3. 科学浇水 | | | | |
| 4. 合理追肥 | | | | |
| 5. 采摘 | | | | |

# 11 种鱼腥草

鱼腥草，俗称折耳根。是中国药典收录的草药。夏季茎叶茂盛花穗多时采割，除去杂质，晒干。搓碎有鱼腥气味。鱼腥草能够清热解毒、消肿疗疮，具有抗菌、抗病毒的作用。

**任务清单**

**基本任务　我能行**

1. 能按要求合理的整地和施肥。
2. 能按要求做好肥水管理。

**挑战任务　我尝试**

1. 会挑选茁壮的种茎和修剪种茎。

2. 植株管理能及时将鱼腥草生长期出现的花蕾去除，以便减少生殖生长消耗养分。

### 工具材料

铁锹 　　　　　　　　　铲子

用于松土、平整土地、栽种鱼腥草和清除杂草

种鱼腥草需要的工具和材料。

☐ 水瓢　　　　☐ 水鞋

☐ 耙子　　　　☐ 草帽

☐ 水桶　　　　☐ 肥料

## 学习技能

①整地：鱼腥草喜湿忌旱，适宜选择排灌方便的旱地或水田，平整土地。施足底肥。

②播种：选择新鲜、个体粗壮、没有病虫害的成熟老茎，将种茎剪成4~6厘米的小段，每段保留2~3节，均匀地放置在播种沟中，株距控制在5~8厘米。播种结束后覆盖5~6厘米土壤，盖上一层薄膜或稻草。

③田间栽培管理：鱼腥草进入出苗期进行中耕除草，及时去除田间杂草和病弱植株。根据植株的生长，适当施用有机肥料或复合肥，适时进行修剪，剪除枯黄叶片和病虫害叶片。

④及时采收：先收割地上部分，将全株割下，割下后留根部在土中，方便下一年生长。然后采集地下嫩茎，使用锄头挖出，抖净土块即可。

## 我行我秀

鱼腥草可以用来做凉拌，也可以用来煲汤。

## 温馨提示

1. 鱼腥草可采用播种和根茎种植两种方式。由于种子发芽率相对较低，一般选择后者。
2. 在植株管理能及时将鱼腥草生长期出现的花蕾去除。

## 劳动评价

| 种鱼腥草 | 教师 ||  自己 | 家长 |
|---|---|---|---|---|
|  | 前测 | 后测 |  |  |
| 1. 种植地选择与整理 |  |  |  |  |
| 2. 科学选择品种 |  |  |  |  |
| 3. 田间栽培管理 |  |  |  |  |
| 4. 及时采收 |  |  |  |  |

## 12

## 种金银花

金银花自古被誉为清热解毒的良药。它性甘寒气芳香，甘寒清热而不伤胃，芳香透达又可祛邪。金银花既能宣散风热，还善清解血毒，用于各种热性病，如身热、发疹、发斑、热毒疮痈、咽喉肿痛等症，均效果显著。金银花可以在每年春季的2~6月份，秋季的9~12月份种植。

## 任务清单

**基本任务　我能行**
1. 会用正确的方法移栽金银花。
2. 能够正确使用肥料和锄头。

**挑战任务　我尝试**
1. 能够使用盆栽进行育苗。
2. 能够在恰当的时间内浇水、施肥。

## 工具材料

盆栽

用于进行育苗

锄头

用于松土

**金银花幼苗**

用于种植

**手套**

用于移栽

种金银花需要的工具和材料。

- ☐ 水管
- ☐ 地膜
- ☐ 剪刀
- ☐ 水鞋
- ☐ 草帽
- ☐ 肥料

学习技能

①盆栽育苗：将幼小的金银花幼苗种植在盆栽上，进行育苗。

②平整土地：翻土，金银花喜偏酸性土壤，因此，需要定期浇灌硫酸亚铁溶液。

③移栽幼苗：定植前按株距 1 米，行距 1.5 米挖穴，穴深 30~50 厘米，直径 30 厘米。然后将盆栽内的金银花幼苗带着土团放入土穴中，并覆盖一层土壤。

④定期追肥：在生长期根据金银花的生长状况，分期追肥 3~5 次，每次追肥每穴 200 克左右，或者三元复合肥 200 克。金银花在生长期间一般不用浇水。

⑤防害治虫：金银花主要害虫有尺蠖虫、蚜虫、白啄木虫等，用 40% 乐果乳油 100~125 克兑水稀释 90% 喷雾防治尺蠖虫，用 50% 敌敌畏乳油 150~200 克兑水 90% 喷雾防治尺蠖虫和白啄木虫。

⑥采摘：金银花的花期，一般从5月下旬~10月中旬，约150天。头茬花在5月下旬，二茬花在7月中下旬，三茬花在8月中旬，四茬花10月中旬，每茬花期在7天左右。适采期在花蕾上部膨大呈白色时，采得过早影响产量，过晚则降低品质。

**我行我秀**

金银花既能宣散风热，还善清解血毒，用于各种热性病，如身热、发疹、发斑、热毒疮痈、咽喉肿痛等症，均效果显著。

## 温馨提示

1. 进行病虫害防治时，要注意农药的量。
2. 在采摘时，不要将金银花的枝干折断。

## 劳动评价

| 种金银花 | 教师 ||  自己 | 家长 |
| --- | --- | --- | --- | --- |
|  | 前测 | 后测 |  |  |
| 1. 盆栽育苗 |  |  |  |  |
| 2. 平整土地 |  |  |  |  |
| 3. 移栽幼苗 |  |  |  |  |
| 4. 定期追肥 |  |  |  |  |
| 5. 防害治虫 |  |  |  |  |
| 6. 采摘 |  |  |  |  |

## 13 种艾草

艾草分布广泛，除了极干旱与高寒地区外，几乎遍及全中国。家乡的荒地、路旁河边及山坡等地可见。艾草对气候和土壤的适应性较强，耐寒耐旱，喜温暖、湿润的气候，以潮湿肥沃的土壤生长较好。种植艾草一般在春季3到4月份进行。

**任务清单**

**基本任务 我能行**

1. 能够将艾草种子根据密度播种。
2. 能够采收嫩株头和嫩叶。

**挑战任务　我尝试**

1. 能够根据艾草的长势进行施肥。
2. 能够进行病虫害防治。

**工具材料**

种籽

铁锹 　　　　　　　　　剪刀

用于松土、平整土地和收获艾草

种植艾草还需要以下工具和材料

- ☐ 水瓢
- ☐ 草帽
- ☐ 水鞋
- ☐ 水桶
- ☐ 耙子
- ☐ 肥料

## 学习技能

①选地与整地：选择光照充足、排灌方便的地点进行种植。在种植前，应先将地块深耕一次，并加入充分成熟的农家肥，以提高土壤的肥沃度。种植穴的间距应根据艾草的生长速度而定，一般在20厘米至50厘米之间。

②播种入土：播种时，每个坑内放置2到3粒种子，然后用细土覆盖，并浇足水以促进种子的快速发芽。

③田间管理：艾草生长速度快，当幼苗长到30厘米高时，就需要开始追肥，可以使用氮磷钾复合肥或其他有机肥料。追肥时应结合浇水进行，以保证肥料能够被艾草更好地吸收。

④病虫害防治：艾草自身具有一定的防虫效果，但由于其生长环境可能吸引某些昆虫，因此也需要采取适当的防治措施。

⑤适时收获：艾草主要用于采收嫩株头及嫩叶，因此，在植株生长到一定程度后，需要及时进行收割。

**我行我秀**

金艾草除了可以制作成青团美食，还具有镇咳、平喘、祛痰的功效，能辅助缓解老年慢性支气管炎或哮喘等引起的不适症状。

**温馨提示**

1. 在种植艾草的时候，要尽量选择疏水的坡地种植。
2. 种植艾草时，要注意合理密植。

**劳动评价**

| 种艾草 | 教师 ||自己 | 家长 |
|---|---|---|---|---|
| | 前测 | 后测 | | |
| 1. 选地与整地 | | | | |
| 2. 播种入土 | | | | |
| 3. 田间管理 | | | | |
| 4. 病虫害防治 | | | | |
| 5. 适时收获 | | | | |